油气勘探开发
经济评价技术

刘斌 著

石油工业出版社

内 容 提 要

本书在阐述油气田勘探开发项目经济评价理论的基础上,强调解决问题的方法和原理,突出方法应用和操作流程,强化经济评价的管理职能,内容涵盖经济评价基本方法,勘探、开发和生产项目经济评价方法与实例剖析,全方位展示了经济评价在油气田勘探开发建设中的决策支持作用。

本书可供油气田开采企业技术和管理人员使用,也可供石油高等院校相关专业方向师生参考。

图书在版编目(CIP)数据

油气勘探开发经济评价技术 / 刘斌著 .—北京:石油工业出版社,2020.11
ISBN 978-7-5183-4326-3

Ⅰ.①油… Ⅱ.①刘… Ⅲ.①油气勘探–经济评价–研究 Ⅳ.① F416.22

中国版本图书馆 CIP 数据核字(2020)第 219731 号

出版发行:石油工业出版社
(100011 北京安定门外安华里 2 区 1 号楼)
网　址:www.petropub.com
编辑部:(010)64523710
图书营销中心:(010)64523633
经　销:全国新华书店
印　刷:北京中石油彩色印刷有限责任公司

2020 年 11 月第 1 版　2020 年 11 月第 1 次印刷
787×1092 毫米　开本:1/16　印张:13.75
字数:210 千字

定价:86.00 元
(如出现印装质量问题,我社图书营销中心负责调换)
版权所有,翻印必究

序

经济评价是对项目经济效益进行分析和论证的一门技术，是投资决策的基础。其目的在于认识过去、说明现状、谋划未来，以全面提高项目的经济效益。认识过去，就是要通过对历史各时期或各阶段经济效益的评价，认识效益的发展变化规律，总结经验和教训；说明现状，就是要在现状评价中，明确经济效益的总体水平、影响因素、存在问题和效益潜力；谋划未来，就是要科学评估远景效益，客观评价项目的创效能力。因此，经济评价必须坚持独立性、客观性、公正性，以及综合性、实用性。

面对持续低位的国际油价，"效益"已成为油气开采企业的核心词。在党中央、国务院"加大国内油气勘探开发力度，促进增储上产，提高油气自给能力"方针指引下，油气生产企业一方面瞄准稳产上产，坚持量效并重，突出高效勘探、低成本开发，保证产量规模稳中求进；另一方面严把效益关口，通过全要素、全过程、全成本经济评价，优化产量结构，杜绝负效投入，让油气生产获得最佳经济效益。聚焦优化增效、降本增效和经营增效，经济评价成为贯穿油气勘探开发和生产经营的重要流程节点。

《油气勘探开发经济评价技术》一书是作者35年的工作实践积淀，从储量到产量、从生产到管理，内容既涵盖了勘探项目、开发项目、生产项目、合作项目和储气库建设项目的经济评价方法，又包含了油藏经营管理、效益风险管控、效益建产、经济规模产量等油气生产企业的经济评价管理方法；既突出理论研究，又强化实际操作。本书的出版对于国内油气上游企业转变经营理念、树立效益意识、强化提质增效、提高决策水平具有重要的指导作用。

希望本书的出版，能为勘探开发项目的经营决策提供技术参考，成为油气田勘探开发工作者的技术手册。

李鹭光

2020 年 9 月 22 日

前 言

从经济学的角度讲,企业是一个以盈利为目的经济组织,投入必然讲回报,这是不容置疑的生存法则。油气田勘探开发项目作为高投入、高风险项目,动辄几千万元,高则上亿元,乃至几十亿上百亿元,没有高回报是很难决策的。因此,项目能否执行,不仅取决于技术上的攻关,更多的是项目经济上的考量。在国际油价动荡起伏的经济环境下,各大石油公司都采取了谨慎投资策略,经济评价成为项目投资决策和完整项目管理的重要组成部分。

所谓技术就是解决问题的方法和原理,是人们利用现有事物形成新事物,或改变现有事物功能、性能的方法。笔者从事油气田开发研究和经济评价工作35年,亲身感受了从国内原油产量一亿吨包干政策到石油企业扩大生产经营自主权改革带来的经营理念转型,目睹了油气田勘探开发从以产量为中心向以经济效益为中心的转变,亲自参与了油气田开采企业经济评价工作从无到有、从小到大、从弱到强的全过程。把工作当事业,用强烈的责任感和使命感去看待每一次创新、每一个突破,进而将零散的经济评价方法形成了完整的经济评价技术。

本书是笔者工作实践的经验总结与认知升华。全书共分8章(即绪论、经济评价基本方法、勘探项目经济评价方法与实例、开发项目经济评价方法与实例、生产项目经济评价方法与实例、油气合作开发项目经济评价方法与实例、地下储气库建设项目经济评价方法与实例、油气生产企业经济评价管理），从理论与实践相结合的角度，系统阐述了油气田企业的勘探开发经济评价技术。本书通过具体实例的剖析，引导读者快速提升操作能力，有利于全面促进经济评价技术的推广和应用。

希望通过此书的出版，进一步促进"以经济效益为核心"的企业经营理念深入人心，让"投资必须有回报"成为技术和管理人员的自觉行动。

由于作者水平有限，不当之处恳请读者批评指正。

目 录

1 绪 论 /1
    1.1 经济评价作用 /2
    1.2 勘探开发项目经济评价主要内容 /3

2 经济评价基本方法 /5
    2.1 资金的时间价值 /5
    2.2 现金流量分析 /7
    2.3 动态评价方法 /13
    2.4 静态评价方法 /15
    2.5 财务评价 /16
    2.6 不确定性分析 /23
    2.7 国民经济评价 /30

3 勘探项目经济评价方法与实例 /37
    3.1 勘探项目经济评价方法 /37
    3.2 经济可采储量评价方法 /47
    3.3 勘探项目经济评价实例 /49
    3.4 油气储量价值评估方法 /58

4 开发项目经济评价方法与实例 /65

4.1 开发项目经济评价方法 /65

4.2 开发项目经济评价指标体系 /77

4.3 开发项目经济评价实例 /80

5 生产项目经济评价方法与实例 /105

5.1 单井（区块）效益评价 /105

5.2 油井增产措施效益评价 /113

5.3 开发先导试验项目全生命周期经济评价 /116

6 油气合作开发项目经济评价方法与实例 /125

6.1 合作开发主要合同模式 /125

6.2 油气合作开发项目经济评价实例 /126

7 地下储气库建设项目经济评价方法与实例 /157

7.1 地下储气库主要类型 /157

7.2 地下储气库建设项目经济评价方法 /158

7.3 地下储气库建设项目经济评价实例 /165

8 油气生产企业经济评价管理 /175

8.1 经济评价管理体系 /175

8.2 油藏经营管理 /183

8.3 效益风险管控体系 /189

8.4 经济规模产量计算方法 /195

8.5 油田效益建产模式 /199

参考文献 /208

绪 论

1

资金是有限的，为了节省并有效地使用投资，必须讲求经济效益。

投资作为经营活动中的一种经济行为，在做出投资决策之前，要认真进行可行性研究，并对投资项目的经济效益进行计算和分析。当可供选择的方案多于一个时，还要对各个方案的经济效益进行比较和优选。这种分析论证过程称为项目经济评价。

经济评价包括财务评价和国民经济评价[1]。财务评价是指在国家现行财税制度和价格体系条件下，从项目角度分析项目的效益和费用，考察项目的获利能力、清偿能力和财务生存能力，以判别项目的财务可行性；国民经济评价是在合理配置资源的前提下，从国家经济整体利益的角度出发，计算项目对国民经济的贡献，分析项目的经济效率、效果和对社会的影响，评价项目在宏观经济上的合理性。

项目可从不同角度进行分类[2]。按项目的目标，分为经营性项目和非经营性项目；按项目的产出属性（产品或服务），分为公共项目和非公共项目；按项目的投资管理形式，分为政府投资和企业投资项目；按投资与企业原有资产的关系，分为新建项目和改扩建项目；按项目的融资主体，分为新设法人项目和既有法人项目。

项目经济评价的内容和侧重点，应根据项目性质、项目目标、项目投资者、项目财务主体以及项目对经济与社会的影响程度等具体情况选择确定。

项目经济评价的深度，应根据项目决策工作不同阶段的要求确定。建设项目可行性研究阶段的经济评价，应系统分析、计算项目的效益和费用，通过多方案经济比选推荐最佳方案，对项目建设的必要性、财务可行性、经济合理性、投资风险等进行全面的评价。项目规划、机会研究、项目建议书阶段的经济评价可简化。

项目经济评价必须保证评价的客观性、科学性、公正性，坚持定量分析和定性分析相结合、以定量分析为主，动态分析与静态分析相结合、以动态分析为主的原则。

1.1 经济评价作用

（1）经济评价是项目决策分析与评价的重要组成部分。

投资项目经济评价应从多角度、多方面进行，无论是在项目投资的前期、中期，还是在项目竣工后，特别是在项目决策分析中，从机会研究、项目建议书、初步可行性研究报告，到可行性研究报告，经济评价都是必不可少的重要组成部分。

（2）经济评价是投资决策重要的依据。

在项目决策所涉及的范围中，经济评价虽然不是唯一的决策依据，但却是重要的决策依据。在市场经济条件下，经济评价结果是投资管理者最终决策的重要指标：项目发起人是否发起或推动该项目、投资决策人是否投资于该项目、债权人决策是否贷款该项目、各级管理层是否批准该项目进入实施，经济评价结论是重要的决策依据之一。具体来看，财务评价的盈利能力分析结论是投资决策的基本依据，其中资本金盈利能力分析结论也是融资决策的依据；偿债能力分析结论不仅是债权人决策贷款与否的依据，也是投资人确定融资方案的重要依据。

（3）经济评价在项目或方案比选中起着重要导向作用。

项目决策分析与评价的精髓是方案比选，无论是在规模、技术、工程等方面都是通过方案比选予以优化，使项目整体趋于合理，此时项目经济评价指标往往是重要的比选依据。在诸多投资机会的情况下，如何从多个备选项目中做出选择，往往是项目发起人、投资者，甚至政府有关部门共同关注的焦点。因此，经济评价结果在项目或方案比选中的作用是不言而喻的。

（4）经济评价在合资合作中发挥着引领作用。

随着国内市场进一步开放，石油石化领域市场主体和投资主体多元化的竞争格局已初步形成[3]，主要表现形式就是国内合资或合作项目、中外合资或合作项目、多个外商参与的合资或合作项目等。在酝酿合资、合作的过程中，经济评价结果起着促进投资各方平等合作的重要的引领作用。

1.2 勘探开发项目经济评价主要内容

油气勘探开发项目经济评价是对油气资源在勘探和开发过程中所获得经济效果的分析和预测，为方案编制和投资决策提供依据。

通常经济评价分为投资方案财务评价和融资方案财务评价。投资方案不考虑融资问题，是融资前分析，其结果体现方案本身设计的合理性，一方面，用于初步投资决策以及方案或项目的比选，另一方面，用于考察项目是否经济可行并值得为之融资；对于投资可行的方案，可编制融资方案，通过融资后分析，即资金盈利能力分析和偿债能力分析，为投资者和债权人的投融资决策提供依据。投资方案财务评价重在考察项目净现金流的价值是否大于其投资成本，融资方案财务评价重在考察资金筹措方案是否能满足要求。

经济评价一般先进行融资前评价，在项目的初期研究阶段，也可只进行融资前评价。融资前评价只进行盈利能力分析，并以项目投资折现现金流量分析为主，计算项目投资内部收益率和财务净现值指标，也可计算投资回收期指标（静态）。对初步确定的建设方案进行财务分析后，还应进行不确定分析，包括盈亏平衡分析和敏感性分析。

对于财务评价可行的项目进行融资方案分析。针对项目资本金折现现金流量和投资各方折现现金流量进行分析，根据融资方案计算融资成本，编制包括建设期及生产运营期还本复息、股利分配、税收支付等引起的、项目融资主体完整的财务计划现金流量表，计算所得税后财务评价指标。与投资方案分析不同，融资方案分析既包括盈利能力分析，又包括偿债能力分析和财务生存能力分析等内容。

由于中国石油、中国石化、中国海油三大国有企业的投资为"统借统筹"的形式，油气田勘探开发建设项目的经济评价与融资形式无关，所以，经济评价的内容只包括融资前评价。对初步确定的建设方案进行的不确定分析中，可以只做敏感性分析。因盈亏平衡分析是指在一定的市场和生产能力条件下，研究拟建项目成本费用与收益之间平衡关系的一种分析方法，故在工业上被广泛应用于投资项目的不确定分析。进行盈亏平衡分析的前期条件是投资项目的产品成本和销售收入是产量的线性函数，在这一点上，机械加工业和制造业等工业建设项目比较适合进行盈亏平衡分析，而作为开采业的石油工业则不适合盈亏平衡分析，最主要的原因是油气产品的成本与产量呈非线性关系。

2 经济评价基本方法

按照是否考虑资金的时间价值，经济评价方法可分为动态评价方法和静态评价方法。动态评价方法是指在考虑资金时间价值的基础下，根据项目在经济寿命期内各年现金流量对其经济效益进行分析、计算和评价的一种方法，也叫折现现金流量法。静态评价方法就是指在不考虑资金时间价值的情况下，对项目在经济寿命期内的收支情况进行分析、计算和评价的方法。

2.1 资金的时间价值

资金的时间价值是指资金在时间推移中的增值能力，它是社会劳动创造价值能力的表现形式[4]。利润和利息是资金时间价值的基本表现形式，它们都是社会资金增值的一部分，是社会剩余劳动在不同部门的再分配：利润由生产和经营部门产生，利息是以信贷为媒介的资金使用权的报酬。在经济评价中用以度量资金的时间价值的"折现率"，是指贷款人和企业经营者投资所得到的利息率或利润率，也是企业使用贷款人的资金或自有资金来支付人力、物力耗费，用以经营企业所得到的收益率。

2.1.1 利息与利率

利息是指占用资金使用权所付的代价或放弃资金使用权所获得的报

酬，利息的大小与利率、时间、本金有关，利率越高、时间越长、本金越大，利息越多；否则利息越少。利率是指一定时间内得到的利息额与本金之比，通常以百分数表示，计算公式为

$$i = I_1 / P \times 100\% \tag{2-1}$$

式中　i —— 利率；

　　　I_1 —— 计息周期的利息；

　　　P —— 本金。

利息的计算方法有单利法和复利法之分。

（1）单利法。

单利计息指仅用本金计算利息，利息不再生息。单利计息时利息计算公式为

$$I_n = P \times n \times i \tag{2-2}$$

式中　I_n —— n 个计息周期的利息之和。

（2）复利法。

复利计息指将本期利息转为下期本金，下期将按本利和的总额计息。复利计息时利息计算公式为

$$F_n = P(1+i)^n \tag{2-3}$$

式中　F_n —— n 个计息周期的本利之和。

在经济评价中，一般采用复利法计算利息。

2.1.2　名义利率与有效利率

付息周期内的利率叫名义利率。在经济评价中，名义利率一般特指名义年利率。

计息周期内实际使用的利率叫有效利率。根据计息周期的长短，有效利率可以分为年有效利率、季有效利率、月有效利率、周有效利率、日有效利率等，其换算按照复利计算公式来确定。在经济评价中，有效利率指本金在一年中增加的百分数。年名义利率和年有效利率的关系推导如下。

年末本利和：

$$F = P(1+r/m)^m \tag{2-4}$$

利息额：

$$F - P = P(1+r/m)^m - P \tag{2-5}$$

年有效利率：利息与本金之比

$$i = (1+r/m)^m - 1 \tag{2-6}$$

式中　i——名义利率；

　　　r——年名义利率；

　　　m——一年中的计息次数；

　　　r/m——一个计息周期利率。

当 $m=1$ 时，名义利率等于实际利率；当 $m>1$ 时，实际利率大于名义利率，计息次数越多，二者差异越大。

2.1.3　等值、现值和终值

资金等值是考虑货币时间价值时的等值，即在一定的折现率下，不同时点绝对值不等而价值相等的两笔资金具有相同的价值。

现值指现在时刻的资金价值，或者说把某一时刻的资金价值按一定的利率换算成现在时刻的价值，这一换算过程称为"贴现"或"折现"，用以换算的利率称为折现率，换算所得到的现在时刻的价值即"现值"。在经济评价中，现值就是"期初值"或"基期的价值"。

在复利条件下，按一定利率可以讲"现值"换算到将来某一时刻的价值，即终值，又称"期末值"或"将来值"。终值 = 现值 + 复利利息。

2.2　现金流量分析

现金流量分析是对项目从融资、建设、投产、运营到废弃的生命周期内，现金流出和流入的全部资金活动的分析，是项目经济评价的基础。

2.2.1　现金流量的概念

投资项目从筹建到投产直到项目终止的整个时期内，都要发生大量的资金流通。资金在流通过程中的流转数量叫作现金流量。它是以项目为系统，在项目寿命期内现金流入和流出的总称。现金流量的特点是现金何时发生就何时计入，不包括内部转移支付。

2.2.2 现金流量构成

按照现金流量发生的时间可把现金流量划分为三个阶段，即初始现金流量、营业现金流量、终结现金流量[5]。

按照现金流入、流出来分类：现金流入是指项目增加的现金收入，主要包括生产经营期间销售产品的销售收入、寿命期末回收的固定资产余值和流动资金；现金流出是指项目在整个投资和生产过程中发生的各项现金支出之和，主要包括建设期间的建设投资、流动资金投资、生产经营期间的经营成本、销售税金及附加、所得税等。

2.2.3 现金流量基本要素

一般的工业生产活动，其投资、费用和成本、销售收入、税金和利润等经济量是构成现金流量的基本要素。

2.2.3.1 投资

广义的投资是指人们有目的的经济行为，即以一定的资源投入某项计划，以获取所期望的报酬。投入的资源可以是资金，也可以是人力、技术和其他资源[6]。经济评价中的投资一般指狭义的投资，指人们在社会经济活动中，为实现某种预定的生产、经营目标而预先垫付的资金。

总投资一般包括项目建设投资和生产经营的流动资金。如果建设投资所使用的资金中含有借款，则建设期的借款利息应计入总投资。

项目建设投资最终形成相应的固定资产、无形资产和递延资产。固定资产指使用期限较长（一般一年以上）、单位价值在规定标准以上、在生产过程中为多个生产周期服务、在使用过程中保持原有物质形态的资产，包括房屋及建筑物、机器设备、运输设备和工具器具等。无形资产指企业长期使用，能为企业提供某些权力或利益但不具备实物形态的资产，如专利权、非专利技术、商标权、版权、土地使用权、商誉等。递延资产指集中发生但在会计核算中不能全部计入当期损益，应当在以后年度分期分摊的费用，包括开办费、租入固定资产的改良支出等。

流动资金指工业项目中投产前的预先垫付，在投产后的生产经营过程中用于购买原材料、燃料动力、备品备件，支付工资和其他费用以及在产品、半成品、产成品和其他存货占用的周转资金。在整个项目寿命期内，流动资金始终被占用并且周而复始地流动。到项目寿命期结束时，全部流动资金才能退出生产与流通，以货币的形式被回收。

2.2.3.2 总成本费用

对于一般工业项目而言，总成本费用是指项目在一定时期内（一般为一年）的生产经营活动中，为生产和销售产品而花费的全部成本和费用，由生产成本和期间费用构成[7]（图2-1）。

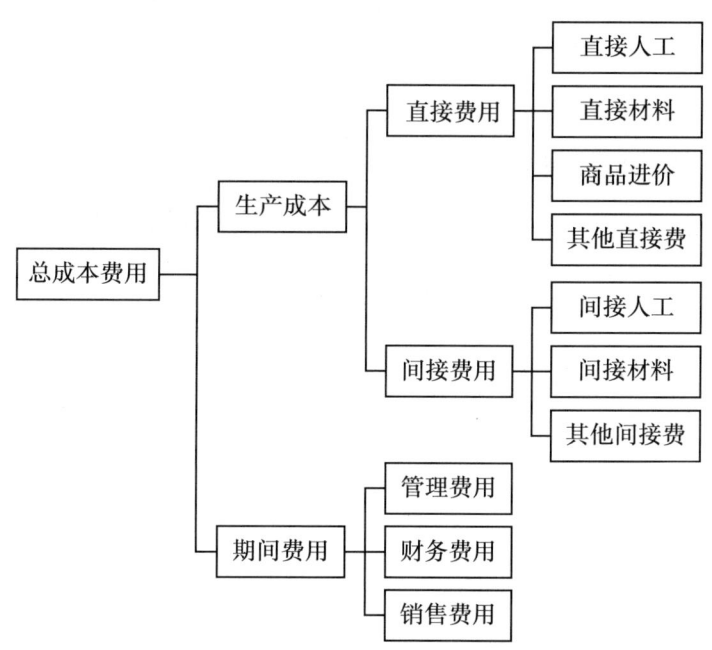

图 2-1 总成本费用构成关系图

（1）生产成本。

生产成本是指为项目生产而发生的各项直接费用和间接费用。

直接费用包括直接人工，直接材料，商品进价（外购零部件），产品生产和提供劳务过程中直接耗费的燃料、动力、外部加工费、专用工具等。其中直接人工费包括直接从事产品生产人员的工资、奖金、津贴和补贴，直接材料费包括生产经营过程中实际消耗的原材料、辅助材料、备品备件、外购半成品、燃料、动力、包装物和其他直接材料。

间接费用指内部生产经营单位为组织和管理生产经营活动而发生的各项费用,包括生产单位管理人员的工资及福利费、折旧费、修理费、维检费、办公费、机物料消耗、劳动保护费、季节性和修理期间的停工损失等。

(2) 期间费用。

期间费用是指企业行政管理部门为组织生产和管理生产经营及销售活动而发生的各项费用,包括管理费用、财务费用和销售费用。

管理费用是指行政部门为组织生产和管理生产经营活动而发生的费用,包括公司经费、工会经费、员工教育经费、劳动保险费、待业保险费、董事会费、咨询费、审计费、诉讼费、排污费、绿化费、租金、土地使用费、提取的坏账准备等。

财务费用是指企业为筹集资金而发生的各项费用,包括生产经营过程中发生的利息净支出及汇兑净损失、金融机构手续费等其他财务费用。

销售费用指企业在销售产品和提供劳务过程中所发生的各项费用,包括由企业承担的运输费、装卸费、整理费、包装费、保险费、商品损失和销售服务费;销售部门人员工资、员工福利费、差旅费、办公费、折旧费、物料消耗、低值易耗品摊销及其他经费。

在项目现金流量计算中,经常涉及经营成本,沉没成本和机会成本,变动成本和固定成本三类成本要素。

(1) 经营成本。

经营成本是指不包括折旧、摊销和借款利息支出等费用在内的产品成本。在经济评价中,一般将经营成本作为一个单独的现金流出项目处理。其中:

折旧是指固定资产折旧,企业常用的提取折旧的方法有平均年限法、工作量法和加速折旧法等。我国企业一般采用平均年限法或工作量法,在符合国家有关规定的情况下,经批准也可以采用加速折旧法。

平均年限法也称直线折旧法,是使用最广泛的一种折旧方法。计算公式为

年折旧额 =(固定资产原值 - 固定资产残值)/ 折旧年限　　(2-7)

工作量法是以固定资产完成的工作量为单位计算折旧额。计算公式为

$$年折旧额 = (固定资产原值 - 固定资产残值)/预计使用期限内\\可以完成的工作量 \times 年实际完成工作量 \quad (2-8)$$

加速折旧法的方法有许多种，使用较多的有年数总和法和双倍余额递减法。

①年数总和法的计算公式为

$$年折旧率 = (折旧年限 - 固定资产已使用年数)/[(折旧年限 \times\\(折旧年限 - 1)/2] \quad (2-9)$$

$$年折旧额 = (固定资产原值 - 固定资产残值) \times 当年折旧率 \quad (2-10)$$

②双倍余额递减法的计算公式为

$$年折旧率 = 2/折旧年限 \quad (2-11)$$

$$年折旧额 = 固定资产净值 \times 年折旧率 \quad (2-12)$$

折旧年限到期前的最后两年，年折旧额为

$$年折旧额 = (固定资产原值 - 固定资产残值)/2 \quad (2-13)$$

摊销是指无形资产和递延资产摊销，即无形资产从开始使用之日起，应按照有关协议在受益期内平均摊销，没有规定收益期的按不少于10年的期限平均摊销。

递延资产中的开办费应在企业开始生产经营之日起，按照不短于5年的期限分年平均摊销，租入固定资产改良及大修理支出应当在租赁期内分年平均摊销。

（2）沉没成本和机会成本。

沉没成本指以往发生的与当前决策无关的费用；机会成本指一种具有多种用途的有限经济资源置于特定用途时所放弃的最大收益。在经济评价中沉没成本不会在现金流中出现，机会成本会以各种方式影响现金流量。

（3）变动成本与固定成本。

按成本费用与产品产量的关系划分，产品成本费用科分为变动成

本、固定成本、半变动成本。

凡是其数额随着产品产量的增减而成正比例增减（同步增减）的成本费用，称为变动成本；凡是其数额并不因为产品产量的增减而相应增减的成本费用，称为固定成本；凡其数额虽亦随着产品产量的增减而同向增减，但并不成正比例增减的成本费用，介于固定费用与变动费用之间的费用，称为半变动费用。由于称为半变动成本所占比例较少，且难以计量，经济评价中把半变动成本归入变动成本。

2.2.3.3　销售收入、税金及利润

（1）销售收入。

销售收入指建设项目投产后销售产品或提供劳务等取得的收入，包括产品销售收入和其他销售收入。计算公式为

$$销售收入 = 销售价格 \times 产品销售量 \quad (2-14)$$

（2）税金。

税金是国家或地方政府依据法律对有纳税义务的单位或个人征收的财政资金[10]。我国税法规定：房产税、土地使用税、车船使用税、印花税等项目计入总成本费用；增值税、营业税、消费税、城市维护建设税、资源税、教育费附加等从销售收入中扣除；所得税从利润中征收。

（3）利润。

利润是企业经济目标的集中表现。建设项目的利润，就是项目建成投产后按照销售价格出售产品和副产品所获得的收入扣除产品成本、费用和应缴纳的销售税金等之后的余额，是项目运营后的净收益。利润是表明项目经济效益高低最直接的指标，在技术经济分析和方案经济评价中，经常以利润指标来考核项目的盈利能力和清偿能力，并进而以此为依据对方案做出决策选择。

财务评价中利润的计算公式为

$$利润总额 = 销售收入 - 销售税金及附加 - 总成本费用 \quad (2-15)$$

$$税后利润 = 利润总额 - 所得税 \quad (2-16)$$

2.2.4 现金流量表

现金流量表就是以表格形式反映项目在计算期内逐年发生的现金流入和现金流出情况。现金流量表示项目经济评价的基础报表之一（表2-1）。

表 2-1　项目全部投资现金流量表

序号	项　目	建设期及生产期									
		第1年	第2年	第3年	第4年	第5年	第6年	第7年	第8年	第9年	第10年
1	现金流入										
1.1	销售收入										
1.2	回收固定资产余值										
1.3	回收流动资金										
1.4	其他现金流入										
2	现金流出										
2.1	建设投资										
2.2	流动资金										
2.3	经营成本										
2.4	销售税金及附加										
2.5	所得税										
2.6	其他现金流出										
3	净现金流量										
4	累计净现金流量										

2.3　动态评价方法

动态评价方法是指在评价投资项目经济效益时，对项目所涉及的各年现金流（即所有支出和收入），除计算它们本身的原值外，还把资金的时间价值计算进去的一种评价方法。动态评价方法包括净现值法、净现值比率法、内部收益率法和外部收益率法。

2.3.1 净现值法

净现值法是指按基准收益率（ic）或设定的折现率，将计算期内各年净现金流量折现到建设期初的现值之和。净现值（FNPV）的计算公式为

$$FNPV = \sum_{t=0}^{n}(CI-CO)_t(1+i_c)^{-t} \quad (2\text{-}17)$$

式中 i_c——基准收益率；

$(1+i_c)^{-t}$——第 t 年的贴现系数；

n——投资方案的计算期（年）；

CI——现金流入；

CO——现金流出；

$(CI-CO)_t$——第 t 年的净现金流量。

净现值法的判别标准：若 FNPV ≥ 0，可以考虑接受该投资项目；FNPV < 0，则要舍弃该项目。单纯用净现值指标对多方案进行优选时，应选择净现值最大的方案；当各投资方案投资额相差很大时，仅根据净现值大小选择方案可能会导致错误的选择，常需要借助于净现值比率这一指标。

2.3.2 净现值比率法

净现值比率是方案的净现值与投资现值之比，它反映单位投资现值所获得的净现值。单纯用净现值比率指标优选方案时，应选择净现值比率最高的方案。

2.3.3 内部收益率法

内部收益率（IRR）指项目在整个评价期内，各年净现金流量的现值累计等于零时的折现率。其计算公式为

$$\sum_{t=0}^{n}(CI-CO)_t(1+IRR)^{-t} = 0 \quad (2\text{-}18)$$

内部收益率的经济含义是项目能承受的最高贷款利率。内部收益率是项目自身的真实盈利水平，它不受外部利率变化的影响，完全由项目内部的净现金所决定，所以叫内部收益率。内部收益率不但反映项目的盈利能力，也反映项目的抗风险能力，对贷款的承受能力，对投资的回收能力，是一个客观、全面、科学的评价指标。

内部收益率大于基准收益率，表明项目经济可行。常规投资项目（净现金流量只有一次经过零点）内部收益率只有一个实根，而非常规投资项目（净现金流量多次经过零点）可能不存在或者具有多个内部收益率。

2.3.4 外部收益率法

外部收益率（ERR）是使一个投资方案原投资额的终值与各年的净现金流量按基准收益率或设定的折现率计算的终值之和相等时的计算方法。计算公式为

$$\sum_{t=0}^{n} CO_t (1+\mathrm{ERR})^{n-t} = \sum_{t=0}^{n} CI_t (1+i_\mathrm{c})^{n-t} = 0 \quad (2-19)$$

外部收益率法是对内部收益率法的一种修正，计算外部收益率与内部收益率一样，假定建设项目在计算期内所获得的净收益全部用于再投资，但不同的是假定再投资的收益率等于基准收益率（计算内部收益时，是假定项目逐年的收益均按照计算所得的收益率即内部收益率再投资于项目内部）。其经济含义是：建设项目在基准收益率的利率下，在建设项目寿命终了时，以每年的净收益率恰好把投资全部收回。

2.4 静态评价方法

静态评价方法是指在评价投资项目经济效益时，不考虑资金的时间价值而直接对收支进行评价分析的方法。静态评价方法包括静态投资回收期法、投资收益率法、年折算费用法。

2.4.1 静态投资回收期法

投资回收期是指项目投产以后以每年收获的净收益抵偿全部投资所

需要的时间，一般以年表示。通常以开始建设的年份为计算起点，若从投产年算起，应予以注明。表达式为

$$\sum_{t=1}^{n}(CI-CO)_t = 0 \qquad (2\text{-}20)$$

P_t 通常可用财务现金流量表中累计净现金流量求出，计算公式为

P_t = 累计净现金流量开始出现正值的年份数 $-1+$ 上年
累计净现金流量的绝对值 / 当年净现金流量　　（2-21）

投资回收期指标用于考察项目在财务上回收投资能力。

2.4.2　投资收益率法

投资收益率法又叫投资效果系数法，是指投资项目投产后，其每年所得的净收益与投资之比。净收益可以是达产年份的净收益，也可以是计算期内的平均年收益率。

2.4.3　年折算费用法

对于寿命期相同，提供的服务或产品也相同的一些投资互斥方案，可通过计算各方案年费用的方法，选择费用最小的方案为最优方案。其计算公式为

$$Z = C + E_c \times I \qquad (2\text{-}22)$$

式中　Z——年折算费用；
　　　I——总投资；
　　　C——年经营费用；
　　　E_c——折算系数，一般用基准收益率效果系数进行计算。

2.5　财务评价

财务评价是根据国家现行财税制度和价格体系，分析计算项目的财务效益和费用，计算财务评价指标，考察项目盈利能力和清偿能力等财务状况，判别财务可行性。

2.5.1 财务评价指标与评价参数

（1）评价指标。

财务评价是从项目角度分析项目的效益和费用，考察项目的获利能力、清偿能力和财务生存能力，以判别项目的财务可行性。

按照评价内容将财务评价指标分为盈利能力评价指标和清偿能力评价指标（表2-2）；按照是否考虑资金的时间价值，财务评价指标分为动态评价指标和静态评价指标（图2-2）。

表2-2 财务评价指标汇总表

评价内容	评价指标
盈利能力分析	财务内部收益率
	财务净现值
	全部投资回收期
	投资利润率
	投资利税率
	资本金利润率
	借款偿还期
清偿能力分析	资产负债率
	流动比率
	速动比率

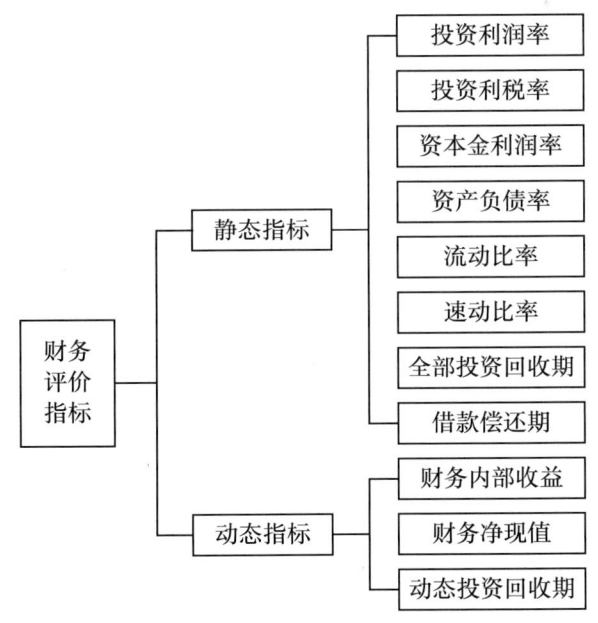

图2-2 财务评价指标框架图

（2）评价参数。

评价参数是衡量项目经济效益的参考依据，具有政策性和实效性的特点。常用的经济评价参数有行业财务基准收益率、基准投资回收期、平均投资利润率和平均投资利税率。

2.5.2 盈利能力评价

盈利能力分析是项目财务评价的主要内容之一，是在编制现金流量表和损益表的基础上，计算财务内部收益率、财务净现值、投资回收期和投资利润率等指标。其中财务内部收益率为项目的主要盈利性指标，其他指标根据项目的特点及财务评价的目的和要求选用。

盈利能力分析的主要工作程序如下：

（1）根据预测的经营期每年的销售量和价格等参数计算营业收入，并以此计算税金及附加。

（2）计算成本费用。成本费用按照操作费、折耗、管理费用、财务费用和营业费用等进行计算，得出总成本费用及经营成本。

（3）利用第上述步骤中有关基础数据编制利润表（表2-3），依据该表计算投资利润率和投资利税率等评价指标。

表2-3 项目利润计算表

序号	项目名称	第1年	第2年	第3年	第4年	第5年	第6年	第7年	第8年	第9年	第10年
一	销售收入										
二	成本费用及税金										
1	生产成本										
2	期间费用										
3	营业税金及附加										
三	利润总额										
四	弥补上年亏损										
五	所得税										
六	税后利润										

（4）编制项目投资现金流量表（表2-1），并计算经济评价指标：包括项目投资财务收益率、项目投资财务净现值、项目投资回收期等指标。

（5）项目现金流量分析。

为了全面考察项目的盈利能力，项目现金流量分析通常由三部分构成，即全部投资现金流量分析、项目资本金现金流量分析、既有项目法人项目现金流量分析。

①全部投资现金流量分析。

全部投资现金流量分析是针对设定项目的基本方案进行的一种现金流量分析。在国家发展和改革委员会和建设部出版的《建设项目经济评价方法与参数》一书中，借助于全部投资现金流量表进行分析[1]。同时指出，该表不分投资资金来源，以全部投资作为基础，用以计算全部投资所得税前和所得税后财务内部收益率、财务净现值及投资回收期等评价指标，考察项目全部投资的盈利能力，为各个投资方案进行比较建立共同基础。全部投资现金流量表的设置是建立在融资前分析的基础之上，国外称全部投资现金流量分析为融资前分析。

②项目资本金现金流量分析。

项目资本金现金流量分析的实质是融资后分析。需要编制项目资本金现金流量表，该表的净现金流量包括项目（企业）在缴税和还本付息之后所剩的收益（含投资者应得的利润），也即企业的净收益，又是投资者的权益性收益。根据这种净现金流量表计算得到的资本金内部收益率指标应该能反映从投资者整体角度考察盈利能力的要求，也就是从企业角度对盈利能力进行判断的要求。项目资本金财务现金流量表的格式见表2-4。

表2-4 项目资本金财务现金流量表

序号	项目	建设期及生产期									
		第1年	第2年	第3年	第4年	第5年	第6年	第7年	第8年	第9年	第10年
1	现金流入										
1.1	销售收入										
1.2	回收固定资产余值										

续表

序号	项目	建设期及生产期									
		第1年	第2年	第3年	第4年	第5年	第6年	第7年	第8年	第9年	第10年
1.3	回收流动资金										
1.4	其他现金流入										
2	现金流出										
2.1	项目资本金										
2.2	借款本金偿还										
2.3	借款利息支付										
2.4	经营成本										
2.5	销售税金及附加										
2.6	所得税										
2.7	其他现金流出										
3	净现金流量										
4	累计净现金流量										

③既有项目法人项目现金流量分析。

投资项目按属性可分为新建项目、改扩建项目和技术改造项目；按融资方式可分为既有项目法人项目和新设项目法人项目。新设项目法人项目是指由新组建的项目法人负责融资，并承担融资责任和风险。新建项目一般应归为新设法人项目。既有法人项目是由现有法人进行融资活动，并承担融资责任和风险。既有项目法人项目大多是依托现有企业进行建设，项目建成后仍由现有企业管理，并不组建新的法人项目。依托现有企业进行改、扩建与技术改造的项目是由现有企业发起的新建项目均属此类。

新设法人项目现金流量分析可以按照上述要求进行。对于既有项目法人现金流量分析，强调以有项目和无项目对比得到的增量数据进行增量现金流量分析（表2-5），计算增量财务内部收益率、增量财务净现值和增量投资回收期，以增量分析的结果作为投资决策的依据。

表 2-5 项目增量现金流量表（既有法人项目）

序号	项目	建设期及生产期									
		第1年	第2年	第3年	第4年	第5年	第6年	第7年	第8年	第9年	第10年
1	有项目现金流入										
1.1	销售收入										
1.2	回收固定资产余值										
1.3	回收流动资金										
1.4	其他现金流入										
2	有项目现金流出										
2.1	建设投资										
2.2	流动资金										
2.3	经营成本										
2.4	销售税金及附加										
2.5	所得税										
2.6	其他现金流出										
3	有项目净现金流量										
4	无项目净现金流量										
5	增量现金流量										
6	累计增量现金流量										

2.5.3 偿债能力评价

偿债能力分析主要是通过编制借款还本付息计划表（表 2-6），计算相关指标（利息备付率、偿债备付率和价款偿还期），考察项目借债的偿还能力和财务状况。

表 2-6　借款还本付息计划表

序号	项　目	建设期及生产期				
		第1年	第2年	第3年	第4年	…
1	借款					
1.1	年初本息余额					
1.2	本年借款					
1.3	本年应计利息					
1.4	本年还本付息					
	其中：还本					
	付息					
1.5	年末本息余额					
2	债券					
2.1	年初债务余额					
2.2	本年发行债券					
2.3	本年应计利息					
2.4	本年还本付息					
	其中：还本					
	付息					
2.5	年末本息余额					
3	借款和债券合计					
3.1	年初债务余额					
3.2	本年债务					
3.3	本年还本付息					
3.4	其中：还本					
	付息					
	年末本息余额					
3.5	年末本息余额					
4	还本资金来源					
4.1	当年可用于还本的未分配利润					
4.2	当年可用于还本的折旧和摊销					
4.3	以前年度结余可用于还本资金					
4.4	可用于还款的其他资金					

对于还款方式为等额还款付息或等额还本利息照付的项目，需要计算利息备付率和偿债备付率；如果还款方式为最大能力还款，则不需要计算这两项指标。

（1）利息备付率。

利息备付率是指项目在借款偿还期内，可用于支付利息的息税前利润与当期应付利息的比值。它是从付息资金来源的充裕角度来反映项目偿债能力的能力。它可以分年计算，也可以按照借款偿还期的平均值计算。分年的利息备付率更能反映偿债能力。

利息备付率表示项目偿付利息的保证倍率，对于正常营业的企业，利息备付率至少应大于2。利息备付率高，说明利息偿付的保证度大，偿债风险小；利息备付率低于1，表示没有足够资金支付利息，偿债风险很大。

（2）偿债备付率。

偿债备付率是指项目在借款偿还期内，可用于还本付息的资金与当期应还本付息金额的比值，可用于还本付息的资金包括折旧、摊销和息税前利润。它可以分年计算，也可以按照借款偿还期的平均值计算。分年的偿债备付率更能反映偿债能力。

偿债备付率表示可用于还本付息的资金偿还借款本息的保证倍率，正常情况下应大于1，且越高越好。当这一指标小于1，表示可用于还本付息的资金不足以偿还当期债务。

（3）借款偿还期。

借款偿还期是指在有关财税规定及项目（企业）具体财务条件下，项目投产以后可用作还款的利润、折旧、摊销及其他收益偿还建设投资借款本金（含未付建设期利息）所需要的时间，一般以年为单位。计算出的借款偿还期指标越短，说明偿债能力越强。计算公式为

借款偿还期 = 借款偿还后开始出现盈余的年份数 -1 + 当年应还借款额 / 当年可用于还款的收益额

2.6 不确定性分析

不确定性分析是指对工程项目中的不确定因素发生变化，所引起的

各种经济效果指标的变化情况或变化趋势所进行的分析和研究工作。不确定性分析的主要方法有盈亏平衡分析、敏感性分析和概率分析。

2.6.1 盈亏平衡分析

盈亏平衡分析又叫量本利分析、损益平衡分析，是指在一定的市场、生产能力条件下，研究拟建项目成本费用与收益之间平衡关系的一种分析方法[8]，可理解为根据拟建项目产量、成本、利润之间的关系，研究产量、成本等因素的变化对项目盈亏的影响。

项目盈利和亏损之间的转折点称为盈亏平衡点，用 BEP 表示。该点销售收入等于总成本费用，项目盈亏平衡。盈亏平衡分析就是要找出盈亏平衡点，通常根据项目正常年份的产品销售量、固定成本、可变成本、产品销售价格及销售税金等数据进行计算。盈亏平衡点越低，项目盈利的可能性就越大。盈亏平衡分析广泛应用于预测成本、收入、利润；编制利润计划、估价售价、销量、成本水平变动对利润的影响，为各种经营决策提供必要的信息；还可用于投资项目的不确定分析。

盈亏平衡点的表达形式有多种。它可以用实物产量、产品销售价格、单位产品的可变成本以及年总固定成本费用的绝对值表示，也可以用相对值表示，如生产能力利用率等，其中以产量和生产能力利用率表示的盈亏平衡点应用最广泛。

根据总成本费用、销售收入与产量（销售量）之间是否呈线性关系，盈亏平衡分析可分为线性盈亏平衡分析和非线性盈亏平衡分析。

（1）线性盈亏平衡分析的条件。

线性盈亏平衡分析需要满足以下四个条件：

①产量等于销售量；

②产量变化，单位产品的可变成本不变，从而总的可变成本费用是产量的线性函数；

③产量变化，单位产品的销售价格不变，从而销售收入是销售量的线性函数；

④只生产单一产品，或生产单一产品，但可以按单一产品价格计算。

（2）盈亏平衡点的求取方法。

盈亏平衡点可以用共识计算法求取，也可以采用图解法求取。

①公式法。

BEP（生产能力利用率）＝年总固定成本／（年销售收入－年总可变成本－年销售税金及附加） （2-23）

BEP（产量）＝年总固定成本／（单位产品价格－单位产品可变成本－单位产品销售税金及附加）＝BEP（生产能力利用率）×设计生产能力 （2-24）

②图解法。

图中收入线和总成本费用线的交点即盈亏平衡点（图2-3），这一点对应的产量即为BEP（产量），也可以换算为BEP（生产能力利用率）。

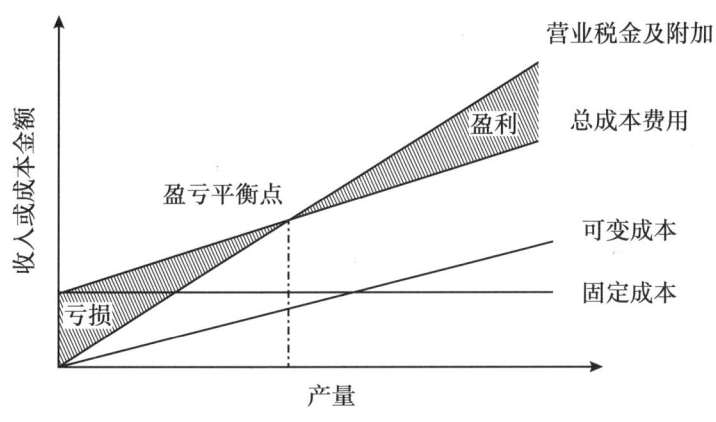

图 2-3 盈亏平衡分析图

2.6.2 敏感性分析

敏感性分析也称灵敏度分析，是经济决策中常用的一种不确定分析方法。敏感性分析就是研究工程项目中的主要因素发生变化时对项目经济效果指标有何影响，影响程度如何，从中找出敏感因素，预测项目承担的风险，并制订相应对策加以防范。

根据敏感性分析中每次变动不确定因素数目的多少，可将敏感性分析分为单因素敏感性分析和多因素敏感性分析，其中单因素敏感性分析应用较为常用。单因素敏感性分析是每次只变动一个不确定因素,其他因素均保持不变时所进行的敏感性分析。单因素敏感性分析的具体步骤如下所述。

第一步:确定敏感性因素分析指标。

一般情况下,项目经济指标都可以作为敏感性分析指标,如净现值、内部收益率、净年值率等。一般情况下可围绕其中一个经济指标进行敏感性分析。

第二步:选定不确定性因素。

对于一般工业项目而言,通常从四类因素中选定分析中的不确定因素:总投资;产品产量、销售量及销售价格;经营成本;项目建设工期、投产期限、投产期间达到的生产能力、达到设计能力所需要的时间及项目寿命期。

第三步:进行敏感性因素分析计算。

计算各不确定因素在可能的变化范围内(如±5%、±10%、±15%、±20%)发生不同变化,导致方案经济效果指标的变动结果。进行单因素分析计算时要注意两点:一是当计算分析中其中某一个不确定因素变化对经济效果指标影响程度时,认为其他因素都保持不变;二是当各个不确定因素变化时,其增减变化百分百都应该保持相同的幅度,以利于下一步的汇总分析。

第四步:汇总敏感性分析结果。

敏感性分析结果可以用列表或绘图的方式来表示(表2-7,图2-4)。

表2-7 项目内部收益率敏感性分析表

变化率	财务内部收益率(%)			
	投资	成本	产量	价格
−20%	14.94	14.20	7.72	6.75
−10%	13.59	13.32	10.06	9.56
0	12.45	12.45	12.45	12.45
10%	11.46	11.58	14.85	15.39
20%	10.60	10.72	17.27	18.35

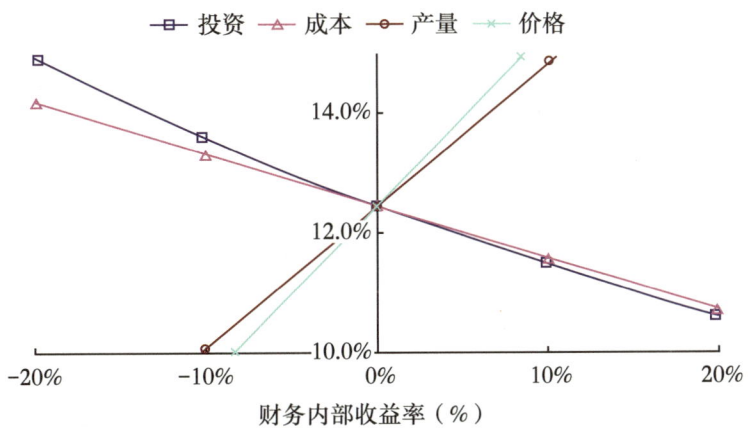

图 2-4　项目内部收益率敏感性分析图

2.6.3　概率分析

概率分析是指使用概率来研究预测各种不确定因素变化对项目经济效果影响的一种定量分析方法。通过概率分析，可以找出经济效果指标的概率分布状况，用以判别项目可能发生的风险，因而又称之为风险分析。这种方法广泛应用于油田勘探开发项目经济评价中。

在进行概率分析时，通常把各种不确定因素称为随机变量，而经济效果是这些不确定因素—随机变量共同作用的结果，因而经济效果也是随机变量。概率分析的关键是确定这些不确定因素—随机变量的取值范围以及取这些值的概率，即随机变量的分布函数，进而就可以用概率分析方法寻求随机变量的取值范围以及取这些值的概率，从而得到对项目的全面认识。

（1）确定概率的方法。

确定概率的方法一般分为两大类：主观概率法和客观概率法。前者以人为预测的数据为基础所得到的概率；后者是以客观统计数据为基础而得到的概率。具体方法有主观概率法、离散型概率分析法和连续型概率分析法。

①主观概率法。

主观概率法应用于地质风险分析。地质风险是指一个构造的勘探有遇到失败的可能性，或者指油气勘探开发项目找不到具有商业性价值油气田的可能性。油气勘探的主观概率法是指在充分掌握享有资料的基础上，根据过去的经验或类似地区的资料运用判断力确定概率的方法。

主观概率法主要依靠人的综合分析和判断能力，因而不同的人使用同样的资料可以对同一种因素做出不同的估计，会对概率的估计产生一定的偏差。对于一些难以用数学函数关系表示的复杂问题常常采用这种分析方法，以得到定量的概率估计值。

②离散型概率分析法。

离散型概率分析法又叫三级风险估计法，是指将各种不确定因素（如地层厚度、采收率、钻井成本、投资额、原油价格等）包括各种经济效果指标都看作离散型随机变量，并取其中最小值、最可能值和最大值散点进行分析的一种概率法估计方法。由于随机变量可以取三点值，就可能形成多种不同的组合运算，因此经济效果指标可以有许多个可能结果，从而可供比较和优选。

离散型概率分析法较主观概率法进了一步，既考虑随机变量最可能出现的情况，又考虑了其最大值和最小值，从而使人们对随机变量有较形象的认识，并可以从随机变量的各种组合中选择最佳的组合。

③连续型概率分析法。

连续型概率分析法是指将各种不确定因素包括经济指标都看作连续型随机变量，并按其实际分布来进行分析的一种概率估计方法。

常见的随机变量分布类型有：均匀分布、正态分布、三角分布、二项分布、指数分布等，在经济分析与决策中使用最普遍的是均匀分布、正态分布和三角分布。在实际工作中，通常可以借鉴已经发生过的类似情况的实际数据，并结合各种具体条件的判断，确定一个随机变量的概率分布。在某些情况下，也可以根据各种典型分布的条件，通过理论分析确定随机变量的概率分布。

（2）概率分析的方法。

工程项目经济评价中常用的方法有简单概率法、决策树法、模拟法等[9]。

①简单概率法。

简单概率分析就是根据经验设定各种情况发生的可能性（即概率）

后，求出项目的经济效果指标值的期望值及方差或标准差，它们是描述随机变量的主要因素，是进行概率分析最基本的指标。

期望值就是随机变量取值的平均值，它是最接近实际的数值，用经济概念来解释就是期望值表明在各种风险条件下期望可能得到的经济效果。

方差或标准差表示随机变量的离散程度，也表示和真值的偏离程度，用经济概念解释就是标准差反映了经济效果各种可能值与期望值之间的差距。它们之间的差距越大，说明随机变量的可变性越大，意味着经济效果各种可能情况与期望值的差别越大；如果它们之间的差距越小，说明经济效果各种可能值越接近于期望值，这就意味着风险越小。所以标准差的大小可以看作是其所含风险大小的具体标志。

②决策树法。

决策树法是在一种不确定情况下，利用个方案的损益期望值或折现期望值进行决策的方法。由于这种决策方法及其思路如树枝形状（图2-5，图中Δ为决策终点，表示各种状态的损益值或净现值），所以其形象化的名字叫决策树。在进行多级决策时，决策树法有明显的优越性。

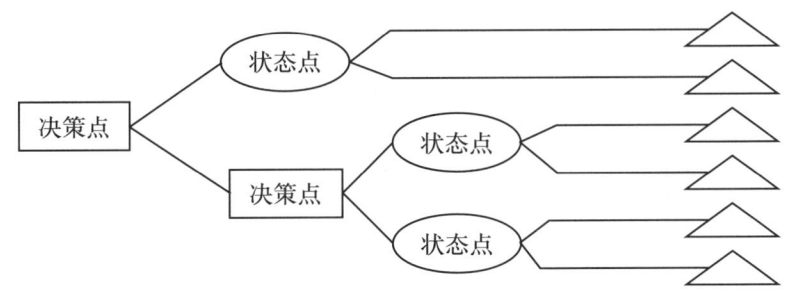

图 2-5　项目决策树分析图

③模拟法。

在工程项目经济评价中，由于各项估算数据具有不确定性，除了用数字化的方法来计算项目的期望值外，还可以用连续型概率分布来表示项目获利变化的可能性。这种用连续型概率分布来表示项目获利变化可能性的方法叫作模拟法，也叫蒙特卡洛模拟法。

蒙特卡洛模拟法的实质是利用一种按不确定性因素—随机变量的概率分布来产生随机数以模拟可能出现的随机现象。虽然每次模拟只能描述模拟系统可能出现的一次情况，然而经过多次模拟，则可以得到很有价值的结果，这种方法可用于研究和处理有限多个随机变量的综合结果。

2.7 国民经济评价

国民经济评价是按合理分配资源的原则，采用影子价格、影子汇率、社会折现率等国民经济参数，从国家整体角度考虑项目的效益和费用，分析计算项目对国民经济的贡献，评价项目的合理性[10]。

需要进行国民经济评价的项目主要有：国家及地方政府参与投资的项目；国家给予财政补贴或者减免税费的项目；主要的基础设施项目，包括铁路、公路、航道整治疏浚等交通基础设施建设项目；较大的水利水电项目；国家控制战略性资源开发项目；动用社会资源和自然资源较多的大型外商投资项目；主要产出物和投入物的市场价格严重扭曲，不能反映其真实价值的项目。

项目的国民经济评价使用基本的经济评价理论，采用费用—效益分析方法，即费用与效益的比较方法，寻求以最小的投入（费用）获取最大的产出（效益）。国民经济采取"有无对比"方法识别项目的费用和效益，采取影子价格理论方法估算各项费用和效益，采用现金流量分析方法，使用报表分析，采用内部收益率、净现值等经济盈利性指标进行定量的经济效益分析。

国民经济评价的主要工作包括：识别国民经济的费用与效益、测算和选取影子价格、编制国民经济评价报表、计算国民经济评价指标并进行方案比选。

2.7.1 费用与效益识别

（1）直接效益与直接费用。

直接效益是指项目产出物在项目计算范围内的经济效益，一般表现为项目为社会生产提供的物质产品、科技文化成果和各种各样的服务所产生的效益。项目的直接效益大多在财务评价中能够得以反映。

项目的直接费用是指项目使用投入物所产生并在项目范围内计算的

经济费用，一般表现为投入项目的何种物料、人工、资金、技术以及自然资源而带来的社会资源的消耗。直接费用一般在项目的财务评价中可以得到反映。

（2）间接效益与费用。

间接效益是指由项目引起而在项目或直接效益中没有得到反映的效益，例如项目使用劳动力，使得劳动力熟练化，由没有特别技术的非熟练劳动力经训练而转变为熟练劳动力；技术扩散的效益等。间接效益一般在财务评价中不会得到反映。

间接费用是指由项目引起而在项目的直接费用汇总又没有得到反映的费用。例如项目对自然环境的损害、项目产品大量出口从而引起我国这种产品出口价格下降等。

项目间接效益与间接费用的识别比直接效益与直接费用的识别和计算困难得多。项目间接效益与间接费用又统称外部效果，通常要考虑六个方面，即环境影响、技术扩散效果、"上下游"企业相邻效果、乘数效果、价格影响和转移支付。

2.7.2 费用与效益的估算

影子价格是进行国民经济评价专用的价格。影子价格依据国民经济评价的定价原则测定，反映项目投入物和产出物真实经济价值，反映市场供求关系，反映资源稀缺程度，反映资源合理配置的要求。

影子价格应当根据项目的投入物和产出物对国民经济的影响，从"有无对比"的角度研究确定：项目使用了投入物，对国民经济造成资源消耗或挤占其他用户；项目使用了产出物，用户得到效益或挤占其他用户的市场份额。

（1）市场定价的影子价格。

①外贸货物影子价格。

对于直接进口的产出物直接出口的，采取进口价格测定影子价格；对于间接进出口的仍按国内市场价格定价。

$$直接进口投入物的影子价格（到厂价）= 到岸价 \times$$
$$影子汇率 + 贸易费用 + 国内运杂费 \qquad (2-25)$$

$$\text{直接出口产出物的影子价格（出厂价）} = \text{离岸价} \times$$
$$\text{影子汇率} - \text{贸易费用} - \text{国内运杂费} \qquad (2-26)$$

到岸价是指进口货物运抵我国进口口岸交货的价格，它包括货物进口的货价、运抵我国口岸之前发生的国外的运费和保险费。

离岸价是指出口货物运抵我国出口口岸交货的价格，它包括货物的出场价和国内的运费以及国内出口商的经销费用。

②市场定价的非外贸货物影子价格。

国内市场没有价格管理的产品或服务，项目投入物和产出物不直接进出口的，按照非外贸货物定价，以国内市场价格为基础测定影子价格。

$$\text{投入物影子价格（到厂价）} = \text{市场价格} + \text{国内运杂费} \qquad (2-27)$$

$$\text{产出物影子价格（出厂价）} = \text{市场价格} - \text{国内运杂费} \qquad (2-28)$$

（2）政府调控价格货物的影子价格。

我国尚有少部分产品或服务（如电价、铁路运价和水价等）不完全由市场机制决定价格，而由政府调控价格。政府调控价格包括：政府定价、指导价、最高限价、最低限价等。

（3）特殊投入物影子价格。

项目的特殊投入物主要包括：劳动力、土地、自然资源。项目使用这些特殊投入物，影子价格采用特定的方法。

①影子工资。

影子工资是指项目使用劳动力，社会为此付出的代价，包括劳动力的机会成本和劳动力转移而引起的新增资源消耗。

劳动力的机会成本是指项目所用的劳动力如果不用于所评价的项目而在其他生产经营活动中所能创造的最大效益。劳动力的机会成本是影子工资的主要组成部分。

劳动力由原来的岗位转移到项目中来，要发生搬迁费，也会引起新增的城市交通、城市基础设施配套等相关投资和费用的增加，这些也是影子工资构成的一部分。

②土地使用。

土地是一种特殊投入物，一个项目使用了土地，其他项目就不能使用。土地在我国是稀缺资源，项目使用了土地，对国家来说就造成了资源浪费。土地的地理位置对土地的机会成本影响很大，因此说土地的地理位置是影响土地费用的关键因素。

③自然资源费用。

各种有限的不可再生的自然资源也属于特殊投入物。一个项目使用了矿产资源、水资源、森林资源等，对国家来说也产生社会费用。这些资源也具有影子价格，矿产等不可再生资源的影子价格应当按资源的机会成本计算，水和森林等可再生资源按资源再生费用计算。

2.7.3　国民经济评价指标和报表

（1）国民经济评价指标。

①经济内部收益率。

项目国民经济评价指进行国民经济盈利能力的分析，评价指标为"经济内部收益率"和"经济净现值"。其中经济内部收益率是项目国民经济评价的主要指标。

经济内部收益率（EIRR）是项目在计算期内隔年经济净效益流量的现值累计等于零时的折现率。计算公式为

$$\sum_{t=1}^{n}(B-C)_t(1+\text{EIRR})^{-t}=0 \quad (2-29)$$

式中　EIRR——经济内部收益率；

　　　B——效益流量；

　　　C——费用流量；

　　　n——项目的计算期（年）。

②经济净现值。

经济净现值（ENPV）是指用社会折现率将项目计算期内各年净收益流量折算到项目建设期的现值之和。计算公式为

$$\text{ENPV}=\sum_{t=1}^{n}(CI-CO)_t(1+i_c)^{-t} \quad (2-30)$$

（2）国民经济评价报表。

国民经济评价报表包括"项目国民经济效益费用流量表"（表2-8）

和"国内投资国民经济效益费用流量表"(表2-9)。

表2-8 项目国民经济效益费用流量表

序号	项目	建设期及生产期				
		第1年	第2年	第3年	第4年	…
1	效益流量					
1.1	产品销售(营业)收入					
1.2	回收固定资产余值					
1.3	回收流动资金					
1.4	项目间接效益					
2	费用流量					
2.1	建设投资					
2.2	流动资金					
2.3	经营费用					
2.4	项目间接费用					
2.5	所得税					
2.6	其他现金流出					
3	净现金流量					
4	累计净现金流量					

表2-9 国内投资国民经济效益费用流量表

序号	项目	建设期及生产期				
		第1年	第2年	第3年	第4年	…
1	效益流量					
1.1	产品销售(营业)收入					
1.2	回收固定资产余值					
1.3	回收流动资金					
1.4	项目间接效益					
2	费用流量					
2.1	建设投资中国内投资					
2.2	流动资金中国内投资					
2.3	经营费用					
2.4	流至国外的资金					
2.4.1	国外借款资金偿还					
2.4.2	国外借款利息偿还					
2.4.3	其他					
2.5	项目间接费用					
3	净现金流量					
4	累计净现金流量					

2.7.4 国民经济评价参数

国民经济评价参数分为两类：一类是通用参数，包括社会折现率、影子价格、影子工资等，这些通用参数由专门的机构组织测算和公布；另一类是各种货物、服务、土地、自然资源等影子价格，需要由项目评价人员根据项目具体情况自行测定。

（1）社会折现率。

社会折现率是国民经济评价的重要通用参数，用作项目经济内部收益率的判别标准，同时也用作计算经济净现值的折现率。各类投资项目的国民经济评价都应采用统一的社会折现率。根据目前国民经济运行的实际情况、投资收益水平、资金供求状况、资金机会成本以及国家宏观调控目标取向的综合分析，我国目前的社会折现率取值为10%。

（2）影子汇率及影子汇率换算系数。

影子汇率是指能正确反映外汇真实价格的汇率，即外汇的影子价格。在国民经济评价中，影子汇率通过影子汇率换算系数计算，影子汇率换算系数是影子汇率与国家外汇牌价的比值，由国家统一测定和发布。

（3）影子工资换算系数。

影子工资一般通过影子工资换算系数计算。影子工资换算系数是影子工资与财务评价中劳动力的工资和福利费之比。根据我国劳动力市场状况，技术性工资的劳动力影子价格换算系数取值为1，非技术性工作的劳动力影子工资换算系数取值为0.8。在实际工作中，可根据劳动力结构、素质和熟练程度及项目的所在地的劳动力市场供求状况等，进行适当调整选用。

2.7.5 费用效果分析

有些项目主要以社会效益为主，难以进行费用效益货币定量计算，可以采用费用效果分析方法，进行项目的国民经济效益评价。

这种方法将费用和效益分开，采取不同的度量方法、度量单位和指标，在以货币度量费用的同时，采用某种非货币指标度量效用（如可靠性、速度、命中率、安全性、完成任务的概率等）。然后对各种方案的费用和效果直接进行比较，选择最好或较好的方案。这种方法适用于项目效益不易以货币度量的项目，如医疗卫生保障、政府资助的普及教育、气象、地震预报、交通信号设施、军事设施系统等。这种方法也适用于方案比较，对单一方案的项目，由于费用与效果采取不同的度量单位和指标，难以评价其合理性。

3 勘探项目经济评价方法与实例

勘探项目是指在一定的时间内，以特定的地质单元为对象，以完成不同勘探阶段的地质任务及落实油气资源储量为目标，由物化探、钻井、录井、测井、试油和综合研究等单项工程的系统工程。分为区域勘探项目、预探项目和油气藏评价项目三类。

区域勘探项目是在区域勘探阶段进行的油气勘探，项目周期从对盆地进行地质调查开始，到优选出有利的含油气带的全过程，勘探对象是含油气盆地、坳陷、凹陷，主要任务是提交远景资源量及分布。

预探项目是预探阶段所进行的油气勘探投资项目，项目周期是从区域勘探所优选出的有利含油气圈闭开始到获得工业油气流的全过程。勘探对象是圈闭，主要任务是提交控制储量。

油气藏评价项目是从预探项目获得工业油气流开始到探明油气田的全过程。勘探对象是获得工业油气流（或油气藏），主要任务是提交探明储量，计算经济可采储量。

勘探项目经济评价遵循三条原则，即阶段性评价与全过程评价相结合原则；定量分析和风险分析相结合原则；价值量分析与实物量分析相结合，以价值量分析为主原则。

3.1 勘探项目经济评价方法

根据勘探项目的特点和所处勘探阶段，经济评价方法分为概略评价法、折现现金流量法和风险评价法[11]。

3.1.1 概略评价法

概略评价法主要通过计算实物量指标值并与经济界限值对比，判断项目指标的经济性；也可以计算最小经济可采储量、期望收益等，粗略评价项目效益。不同类型勘探项目根据实际情况可选择不同的评价指标。

3.1.1.1 实物量指标

实物量指标是指评价勘探项目经济可行性的判别性指标，包括油气资源潜力、储量丰度、单井稳定产量、发现成本、每口探井探明可采储量、探井成功率、地震和探井成本等。

（1）油气资源潜力。

资源量是指项目区的油气资源量，应采用成因法、类比法等多种方法求得，均以概率分布曲线表示，通过计算油气资源量大于累计概率值得10%、50%、90%概率下的油气资源量加权求和的四个特征值得到。用P10、P50、P90和期望值表示，是衡量项目未来可能的总规模指标。

储量规模是指项目区内的油气储量大小，一般采用容积法求得，以概率分布曲线表示，项目未来经济效益指标估算的依据通过P10、P50、P90和期望值四个特征值得到。

（2）储量丰度。

储量丰度是项目区内预测探明储量期望值和预测探明含油面积的比值。

$$储量丰度 = 预测探明储量期望值 \div 预测探明含油面积 \quad (3-1)$$

（3）单井稳定产量。

单井稳定产量是指油气田开发初期的平均单井稳定产量，勘探阶段主要根据试油和试采资料采用各种方法得到。

（4）发现成本。

发现成本是指预计探明单位可采储量所需的全部勘探投资。计算公式为

$$发现成本 = 勘探总投资 \div 探明可采储量 \quad (3-2)$$

勘探总投资包括在勘探期内为探明可采储量所进行的非地震物化探、地震（二维、三维）、探井（区域探井、预探井、评价井）、辅助工程、研究工程等所需要的全部费用。

（5）每口探井探明可采储量。

每口探井探明可采储量是探明可采储量与探井井数的比值。计算公式为

$$每口探井探明可采储量 = 探明可采储量 \div 探井井数 \quad (3-3)$$

（6）探井成功率。

探井成功率是指获得工业油（气）流的成功探井数与全部探井数之比。计算公式为

$$探井成功率 = 获得工业油（气）流的成功探井数 \div 探井井数 \quad (3-4)$$

（7）地震和探井成本。

在勘探工程量一定的情况下，地震和探井成本的大小直接关系勘探投资的多少。因此将项目的地震和探井成本与本项目（或类似区块）近年的地震和探井成本相比较，通过分析其变化幅度，对投资进行优化和控制。

3.1.1.2 经济界限指标。

经济界限指标是指勘探投入获得收益的边界指标。粗略评价法中的经济界限指标主要用最小经济可采储量规模来表达。最小经济可采储量规模是指在当前技术条件下，按经济条件（油价、成本等）估算的最小经济可采的油气数量。

最小经济可采储量规模的预测是依据相似油田的相关指标类比确定的，它的预测方法有多种，这里介绍以成本为基础的静态方法的主要步骤如下。

①确定最高允许成本。

$$最高允许成本 = （原油商品率 \times 油价 - 单位税金）/（行业基准利润率 + 1） \quad (3-5)$$

②确定最高单位勘探成本。

$$单位最高单位勘探成本 = 最高允许成本 - 单位开发成本 - 单位操作成本 \quad (3-6)$$

③根据勘探投资确定最小经济可采储量。

最小经济可采储量 = 勘探项目总投资 / 单位勘探成本上限　　（3-7）

3.1.1.3　收益指标

概略评价法用期望收益指标来评价项目效益。期望收益是借鉴风险决策理论，反映勘探项目投资后的预期效益。计算公式为

期望收益 = 可采储量 × 储量价格 × 成功概率 - 投资 ×（1- 成功概率）

（3-8）

式中，可采储量指技术可采储量；成功概率值地质成功概率（含油气概率），实际评价工作中根据资料情况，可借用项目区内探井成功率；价格指储量价格。

3.1.2　折现现金流量法

折现现金流量法是在勘探部署、模拟开发方案的基础上，估算项目的财务效益与费用，进行财务分析和敏感性分析。

（1）投资估算。

油气勘探项目投资估算是指在勘探部署和模拟开发方案的基础上估算的全部投资，包括勘探阶段投资估算和开发阶段投资估算两部分。

①勘探阶段投资估算。

勘探阶段的投资估算包括区域勘探、预探和评价三类项目的投资估算，每类项目的对象不同，其投资构成也不同。

区域勘探项目投资：区域勘探项目的主要工作量是对盆地或区域进行大范围野外地质调查和非地震物化探、地质概查和普查，以及钻参数井和少量区探井，并开展相应的地质研究。其投资估算的范围包括非地震勘探（重、磁、电、化）费、二维地震、参数井和区域探井费以及综合研究费等。

预探项目投资：预探项目的主要工作量是对含油气区带进行地震详查（二维、三维地震）、钻预探井，并开展相应的地质研究。其投资估算范围包括地震、探井、综合研究费等。

评价项目投资：评价项目主要工作是对获得工业油气流的圈闭（或

油气藏）进行二维地震精查和三维地震、钻评价井，并开展相应的地质研究。其投资估算范围包括地震、评价井及综合研究费用等。

②开发阶段投资估算。

开发阶段投资估算是依据项目模拟开发方案进行投资估算，具体见"油气开发项目总投资"。

值得注意的是：第一，在勘探项目中估算开发阶段投资时不考虑融资方案，因此只估算建设投资，不计算建设期利息；第二，对于未能完成评价的勘探项目，通常采用类比相似项目的单位开发成本或百万吨产能建设投资估算开发阶段投资；第三，考虑到勘探阶段难于精准估算流动资金，且流动资金数额较小，对项目效益影响不大，通常不估算流动资金。

（2）总成本和费用估算。

总成本费用包括油气操作成本、折耗费、管理费用、营业费用和勘探费用。具体见"油气开发项目总投资"，必须注意以下几点。

①为简化计算，勘探项目的操作成本估算，可采用扩大指标估算法，根据单井操作成本定额进行估算，或根据类似油田近年的历史数据类比确定单位操作成本。

$$单井操作成本定额 = 区块总操作成本 / 当年油、水井开井数 \quad (3-9)$$

单井操作成本定额可根据类似油田的历史成本资料并考虑本项目的实际情况和物价上涨因素进行估算，并考虑资源劣化对单位操作成本的影响。对页岩气等非常规油气的开采，也要考虑"工厂化"生产和科技进步对操作成本的影响。

$$操作成本 = 开发井数 \times 单井操作成本（万元） \quad (3-10)$$

开发井数指开发方案的设计井数（等于新钻井和利用探井、评价井之和），包括油井和水井。

②折耗一般按产量法计算，计算基础是勘探阶段的成功探井、评价井投资及开发建设投资。

③为简化计算，勘探项目投资全部形成油气资产或费用化，所以在管理费用中不再计算摊销。其他管理费可根据总生产井数，按单井管理

费进行估算。单井定额可参考类似油田近年的历史数据。

④勘探费用是指地质调查、地球物理勘探费用和其他物化探和地震费用及未发现经济可采储量探井、评价井的费用和成功探井、评价井的无效井段费用。在实际参数确定时，可根据企业实际运行状况确定。如中国石油天然气集团有限公司财务规定，勘探费用列入当期损益。

（3）营业收入及税金计算。

营业收入根据开发方案确定的分年度产量、油气价格及商品率进行估算；营业税金包括城市建设维护税、教育费附加、资源税和石油特别收益金；所得税按照国家相关规定征收。

（4）财务分析。

财务分析是在油气勘探投资项目财务效益与费用估算的基础上，计算评价指标（财务内部收益率、财务净现值、投资回收期等），对油气勘探投资项目的盈利能力进行分析，判断项目的财务可行性，编制"项目投资现金流量表"（表3-1）。

表3-1 勘探项目投资现金流量表

序号	项目	建设期及生产期				
		第1年	第2年	第3年	第4年	…
1	现金流入					
1.1	营业收入					
1.2	回收固定资产余值					
2	现金流出					
2.1	勘探阶段投资					
2.2	开发阶段投资					
2.3	经营成本（总成本费用－折耗）					
2.4	营业税金及附加					
2.5	所得税					
3	净现金流量					
4	累计净现金流量					

（5）敏感性分析。

选用投资、成本、储量（产量）、价格等不确定因素作为敏感性因素，选取财务内部收益率或财务净现值等作为效益指标，进行单因素敏感性分析。

3.1.3 风险评价法

风险评价法是分析风险因素发生可能性及给项目带来经济损失的程度。分析过程是风险识别风险分析、风险评价及风险应对，方法主要是借鉴勘探技术专家的经验、行业标准或惯例定性风险的高低，或采用概率分析和蒙特卡洛模拟等方法定量评价项目风险的概率。

（1）风险评价流程。

①风险识别：

风险识别是风险分析的基础，需要识别影响勘探项目效益的关键因素。通常勘探项目风险因素主要来源于市场、地质、地面、工程技术等。

②风险分析：

风险分析是对影响项目的风险因素进行评价，包括风险因素评价[12]（表3-2）和风险因素评价（表3-3）等内容。

表3-2 风险因素评价标准

发生可能性评价标准			影响程度评价标准		
发生可能性	发生概率	分值	影响程度	损失	分值
极小	$p \leqslant 5\%$	1	低度	一旦发生风险，项目对应部分不受影响	1
不太可能	$5\% < p \leqslant 30\%$	2	低度	一旦发生风险，项目对应部分将受影响，但不影响整体目标	2
有可能	$30\% < p \leqslant 50\%$	3	中	一旦发生风险，将对项目的目标造成中毒影响，但仍然能部分达到	3
很可能	$50\% < p \leqslant 95\%$	4	高	一旦发生风险，将导致整个项目的目标严重下降	4
基本确定	$p > 95\%$	5	极高	一旦发生风险，将导致整个项目的目标失败	5

表 3-3　风险因素评价模版

风险分类	风险变量（因素）	权重	发生可能性评价		影响程度评价	
			发生概率	评价分值	影响程度	评分值
市场风险	价格					
地质风险	可采储量					
	储量规模（厚度、面积）					
	储层质量（孔隙度、渗透率）					
	单井产量		低度			
地面条件风险	地形地貌					
	交通及经济状况					
	环境		低度			
工程技术风险	钻井技术		中			
	压裂技术					
	…					

注：实际评价中不限于风险因素评价模版中的变量

③风险评价：

风险评价是对项目经济风险进行综合分析。

a. 项目风险等级分值计算式为

$$R = \sum_{i=1}^{n}(A_i \times C_i) \times \sum_{i=1}^{n}(B_i \times C_i) \tag{3-11}$$

式中　R——风险等级分值；

A_i——第 i 个因素风险发生可能性评价分值；

B_i——第 i 个因素风险影响程度评价分值；

C_i——第 i 个因素权重；

n——风险因素总数。

b. 从发生可能性和影响程度两个维度，建立综合风险等级矩阵，计算勘探项目风险等级分值，分为低度（$1 \leq R \leq 3$）、较低（$3 < R \leq 5$）、中度（$5 < R \leq 10$）、高度（$10 < R \leq 2$）、极高（$20 < R \leq 25$）5 个等级（表 3-4）。

表 3-4　综合风险等级分类表

综合风险等级	影响程度				
	低度	低	中	高	极高
发生的可能性	低度	低度	低度	低度	低度
	低度	较低	较低	中度	中度
	低度	较低	中度	高度	高度
	较低	中度	高度	高度	极高
	较低	中度	高度	极高	极高

④风险应对方案：

根据关键因素风险评价结果，结合综合风险因素等级的分析结果，应提出下列应对方案。

a. 极高：风险很强，出现这类项目就要放弃项目；

b. 高度：风险强，修正拟议的方案，通过改变设计或采取补偿措施等；

c. 中度：风险较强，设定某些指标的临界值。指标一旦达到临界值，就要变更设计或对负面影响采取补救措施；

d. 较低：风险适度（较小），适当采取措施后不影响项目；

e. 低度：风险弱，可忽略。

（2）风险分析方法。

常用的风险分析方法包括专家法、概率数法、蒙特卡洛模拟分析方法，应根据项目具体情况，选用一种方法或几种方法组合使用。

①概率数分析。

概率数分析是将每个风险的各种状态组合起来，分别计算每种组合状态下的内部收益率或净现值等指标及相应概率，进而得到评价指标的概率分布，并统计出高于或低于基准值的累计概率，计算评价指标的期望值、标准差，评价项目的风险。评价步骤如下。

a. 构造概率数。确定勘探项目的风险因素、每个风险的状态（通常取计算值、正负变化值三种状态）和发生概率；

b. 根据风险因素的取值，计算内部收益率或净现值，并计算期望值、标准差等；

c. 绘制内部收益率（图 3-1）或净现值的累计概率图；

d. 由累计概率计算项目经济风险，$P\{\text{IRR} < i_c\}$ 或 $P\{\text{NPV} < 0\}$。

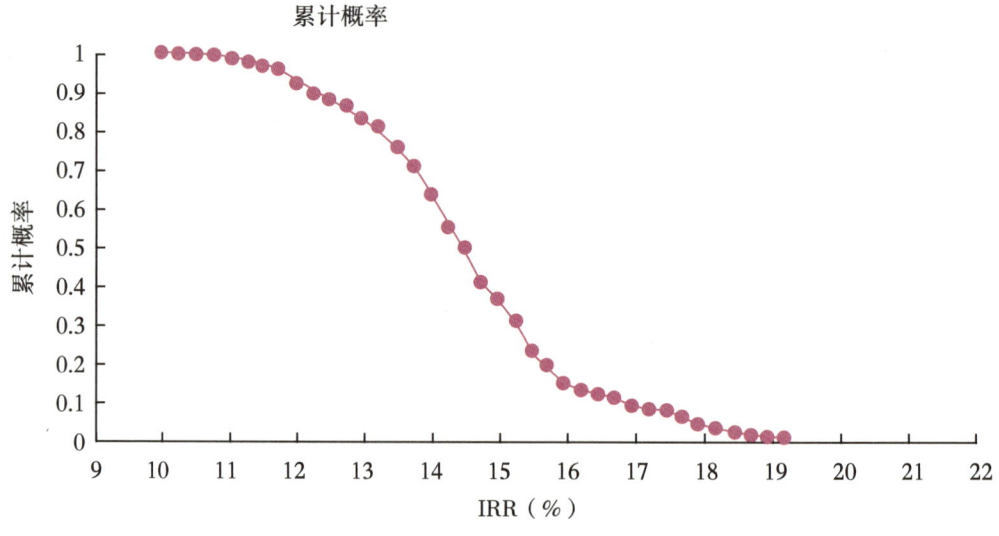

图 3-1　IRR 模拟结果累计概率分布图

②蒙特卡洛模拟法。

蒙特卡洛模拟技术是随机抽样的方法抽取一组满足风险变量的概率分布特征的数值，应用这组变量计算项目内部收益率和净现值等评价指标，通过多次抽样计算可获得评价指标的概率分布及累计概率分布、期望值、方差、标准差，计算项目可行或不可行的概率，从而估算项目承担的风险。模拟过程如下：

a. 确定风险变量，勘探项目重点是可采储量、单井产量、价格等；

b. 定义风险变量的概率分布，满足风险变量概率分布特征的模型主要有三角分、正态分布、对数正态分布、统计分布等；

c. 产生符合风险变量概率分布的随机数；

d. 将抽得的随机数转化为风险变量的抽样值；

e. 据抽样计算内部收益率或财务净现值等评价指标；

f. 拟内部收益率或财务净现值的可能分布，进而求取评价指标的期望值、方差、准差，并绘制累计概率图；

g. 计算项目可行（$1-P\{\text{IRR} < i_c\}$ 或 $1-P\{\text{NPV} < 0\}$）或不可行

（$P\{\text{IRR} < i_c\}$ 或 $P\{\text{NPV} < 0\}$）的概率。

3.2 经济可采储量评价方法

经济可采储量是指在现有井网、工艺技术条件下，能从油藏获得的最大经济产油量。经济可采储量评价方法主要包括经济极限法、类比法和折现现金流量法[13-15]。

3.2.1 经济极限法

经济极限法是根据已开发油田的生产经营数据，计算经济极限值（包括经济极限产量、经济极限含水、经济极限油汽比、废弃压力等）；按照开发方案，将计算之日至预测指标达到经济极限值之日，确定为剩余经济可采储量寿命期，加上至计算之日的累计产油量，即为经济可采储量（图 3-2）。

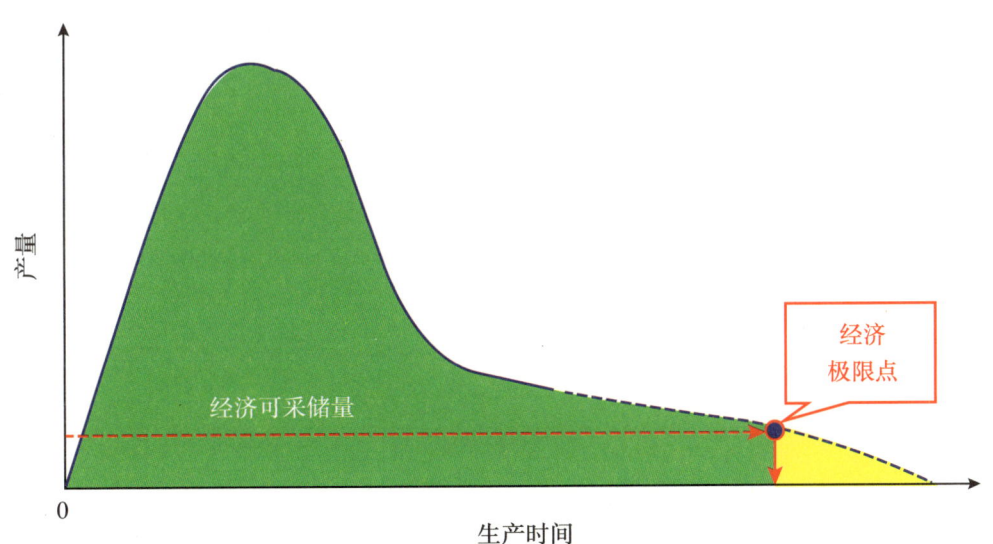

图 3-2 经济可采储量计算示意图

（1）计算基本流程。

经济极限法计算经济可采储量基本流程，共分为四个环节。

①预测未来各年度或月度的产量指标。

②测算未来各年度或月度的经营成本。

③计算经济极限指标。

④评价确定经济可采储量。

（2）经济极限指标计算。

①经济极限产量计算公式为

$$Q_{\text{eom}} = \frac{C_{\text{fo}}}{(P_{\text{o}} - T_{\text{axo}} - C_{\text{vo}}) \times R_{\text{o}}} \quad (3\text{-}12)$$

式中　Q_{eom}——极限产油量，10^4t/月；

　　　C_{fo}——固定成本，10^4元/月；

　　　P_{o}——不含税的油价，元/t；

　　　T_{axo}——原油税费，元/t；

　　　C_{vo}——可变成本，元/t；

　　　R_{o}——原油商品率，%。

②经济极限含水计算公式为

$$f_{\text{wj}} = 1 - \frac{1}{Q_l} \times \frac{C_{\text{fo}}}{(P_{\text{o}} - T_{\text{axo}} - C_{\text{vo}}) \times R_{\text{o}}} \quad (3\text{-}13)$$

式中　Q_l——产液量，10^4t/月。

③经济极限油汽比计算公式为

$$R_{\text{os1}} = \frac{Q_{\text{co}}}{Q_{\text{s}}} = \frac{C_{\text{fo}}}{R_{\text{o}} \times (P_{\text{o}} - T_{\text{axo}} - C_{\text{vo}}) \times Q_{\text{s}}} \quad (3\text{-}14)$$

式中　Q_{co}——产油量，10^4t/月；

　　　Q_{s}——注汽量，10^4t/月。

经济极限法适用于已开发油藏或区块的经济可采储量评价。

3.2.2　类比法

类比法是指通过类比已知油气藏来确定经济可采储量的方法。

类比法的原则是类比油气藏应选择本油气田的、或邻近油气田的已开发油气藏，而且油气藏特征要满足四个基本条件，即相同的油层层位、相同的开采方式、相似的储集特征、相似的流体性质。

类比法计算经济可采储量基本流程共分为五个环节，即：（1）选择与评价单元相似的油气藏；（2）确定类比参数（包括地面条件、沉积相、油气藏类型、埋藏深度、储量丰度、储层岩性、储层物性、流体性质、初始稳定产量、驱动类型、原始压力等）；（3）与评价单元类比；（4）确定评价单元的经济采收率；（5）计算经济可采储量。

类比法的应用要坚持保守原则。若评价单元优于或基本相似于类比油气藏，则根据类比油气藏的经济采收率，确定评价单元的经济可采储量。

类比法主要针对开发时间较短，生产动态数据不足，或开发生产不连续的油藏。就经济可采储量评价而言，适用于新增储量区块。

3.2.3 折现现金流量法

折现现金流量法是以开发方案或开发概念设计为基础，按照目前经济条件预测未来若干年的投入产出状况，编制现金流量表，估算财务内部收益率和财务净现值等经济评价指标（具体方法和原理见 4.1.1.1 章节）。在财务内部收益率达到行业基准值、财务净现值大于零的条件下，将计算之日至年净现金流为零之日确定为剩余经济可采储量寿命期，加上至计算之日前的累计产油量，即为经济可采储量。技术可采储量减去经济可采储量的剩余部分为次经济可采储量。

折现现金流量法是各类项目通用的经济评价方法，就经济可采储量评价而言，其适用于探明未开发区块。

3.3 勘探项目经济评价实例

以探明未开发的 X1 油田储量经济性评价和探明已开发的 X2 区块经济可采储量评价为例，阐述勘探项目经济评价方法的应用过程和难点问题的处理技巧。

3.3.1 探明储量经济性评价

X1 油田预计在 24 个区块申报探明储量 11161.56×10^4t，含油面积 $129.87km^2$，技术可采储量 1686.17×10^4t（表 3-5）。

表 3-5 探明储量区块情况表

区块	面积（km²）	地质储量（10⁴t）	技术可采储量（10⁴t）
s1	6.20	372.00	104.16
s2	2.80	210.00	60.12
s3	1.40	355.00	53.25
s4	6.20	372.00	52.50
s5	15.30	389.00	38.90
s6	3.50	881.00	132.15
s7	10.80	449.00	67.36
s8	3.63	398.56	119.57
s9	19.48	378.48	56.77
s10	1.29	126.92	19.04
s11	2.66	138.36	20.75
s12	7.13	674.21	148.34
s13	3.69	170.82	25.62
s14	8.69	801.68	80.17
s15	7.00	868.90	86.90
s16	9.10	1128.00	169.20
s17	14.14	1259.63	125.96
s18	2.30	254.86	30.58
s19	1.20	145.00	14.50
s20	3.10	349.00	34.90
s21	0.28	24.25	2.43
s22	1.30	243.22	31.62
s23	8.21	686.70	75.54
s24	3.75	484.97	135.85
合计	143.15	11161.56	1686.18

（1）储量特征分析。

储量特征分析分别按照储量规模、储量丰度、产能、油藏埋深进行分别评测[16]（标准见表 3-6 至表 3-9），X1 油田 24 个区块储量特征见表3-10。

表3-6 储量规模分类标准

序号	分类	原油可采储量（$10^4 m^3$）
1	特大	可采储量≥25000
2	大	2500≤可采储量<25000
3	中	250≤可采储量<2500
4	小	25≤可采储量<250
5	特小	可采储量<25

表3-7 储量丰度分类标准

序号	分类	原油可采储量丰度（$10^4 m^3/km^2$）
1	高	储量丰度≥80
2	中	25≤储量丰度<80
3	低	8≤储量丰度<25
4	特低	储量丰度<8

表3-8 储量产能分类标准

分类	油藏千米井深稳定产量[$m^3/(km·d)$]
高产	稳定产量≥15
中产	5≤稳定产量<15
低产	1≤稳定产量<5
特低产	稳定产量<1

表3-9 储量埋深分类标准

分类	油藏中部埋藏深度（m）
浅层	埋藏深度<500
中浅层	500≤埋藏深度<2000
中深层	2000≤埋藏深度<3500
深层	3500≤埋藏深度<4500
深层	埋藏深度≥4500

表 3-10　X1 油田储量特征分析表

区块	储量规模	储量丰度	储层埋深	千米井深日产能
s1	小型	低	中深层	中产
s2	小型	低	深层	中产
s3	小型	中	中浅层	低产
s4	小型	低	深层	低产
s5	特小型	特低	中浅层	低产
s6	小型	中	中浅层	低产
s7	小型	特低	中浅层	低产
s8	小型	中	中浅层	中产
s9	小型	特低	中深层	低产
s10	特小型	特低	中浅层	低产
s11	特小型	特低	中深层	中产
s12	小型	低	中浅层	低产
s13	小型	低	中浅层	中产
s14	小型	低	中浅层	中产
s15	小型	低	浅层	低产
s16	小型	低	中浅层	低产
s17	小型	低	浅层	低产
s18	小型	低	浅层	低产
s19	特小型	低	浅层	中产
s20	小型	低	中浅层	中产
s21	特小型	低	浅层	中产
s22	小型	低	中浅层	中产
s23	小型	低	中浅层	低产
s24	小型	中	中浅层	中产

（2）储量经济性分析。

将区块进行合并为 12 个单元评价，采用折现现金流量法进行经济可行性评价。按照经济效益评价指标、投资环境量化（工程技术、交通条件、油田位置、储量规模）打分，对 12 个评价单元经济性进行综合排序（表 3-11）。

表 3-11　X1 油田储量特征分析表

评价单元	综合评价值	综合类别	投资环境状况	净现值率归一化	优选排序
y1	0.96	Ⅰ	0.79	0.98	1
y2	0.71	Ⅰ	0.50	0.75	2
y3	0.58	Ⅰ	0.60	0.58	3
y4	0.40	Ⅱ	0.67	0.35	4
y5	0.30	Ⅱ	0.68	0.23	5
y6	0.27	Ⅱ	0.42	0.25	6
y7	0.27	Ⅱ	0.42	0.25	7
y8	0.27	Ⅱ	0.61	0.21	8
y9	0.23	Ⅱ	0.38	0.22	9
y10	0.17	Ⅱ	0.59	0.09	10
y11	0.16	Ⅱ	0.42	0.13	11
y12	0.14	Ⅱ	0.68	0.04	12

（3）储量敏感性分析。

对于单一因素在预计范围内变化不足以使的评价的单元具有经济效益，设定影响经济效益的因素（价格、产量、成本和投资）在一定范围内变化，采用 1000 次蒙特卡落模拟，评价结果见表 3-12。

表 3-12　X1 油田储量动用条件评价结果表

评价单元	开发动用条件
y1	当前条件下可动用，基本无风险
y2	当前条件下可动用，基本无风险
y3	当前条件下可动用，基本无风险
y4	油价调至 50 美元 /bbl、或成本下降至 800 元 /t、或建百万吨产能投资下降至 35.5 亿元，具有开采价值。当前条件下基本可动用
y5	油价调至 70 美元 /bbl、或成本下降至 443 元 /t、或建百万吨产能投资下降至 50 亿元，具有开采价值。当前条件下具有动用的潜力
y6	油价调至 60 美元 /bbl、或成本下降至 764 元 /t、或建百万吨产能投资下降至 35 亿元，具有开采价值。当前条件下具有动用的潜力
y7	油价调至 65 美元 /bbl、或成本下降至 883 元 /t、或建百万吨产能投资下降至 45 亿元，具有开采价值。当前条件下具有动用的潜力
y8	油价调至 55 美元 /bbl、或成本下降至 759 元 /t、或建百万吨产能投资下降至 28 亿元，具有开采价值。当前条件下具有动用的潜力
y9	油价调至 57 美元 /bbl、或成本下降至 443 元 /t、或建百万吨产能投资下降至 62 亿元，具有开采价值。当前条件下动用的风险较高
y10	成本下降至 326 元 /t、或建百万吨产能投资下降至 37 亿元，具有开采价值。当前条件下基本不可动用
y11	油价调至 68 美元 /bbl、或成本下降至 810 元 /t、或建百万吨产能投资下降至 62 亿元，具有开采价值。当前条件下动用的风险较高
y12	成本下降至 400 元 /t 具有开采价值。当前条件下基本不可动用

（4）储量上报结果。

通过以上计算，X1 油田申报探明储量 7450.53×10^4t，技术可采储量 1124.12×10^4t。

3.3.2 经济可采储量评价

3.3.2.1 已开发区块经济可采储量评价

X2 块预计上报新增探明石油地质储量 621.99×10^4t，技术可采储量 118.44×10^4t。吨油作业成本取值 832.65 元 /t（表 3-13），其中可变成本 295.38 元 /t，固定成本 537.27 元 /t，折合年固定成本 48.35 万元 / 井（为计算方便，本项目将单位折算为年）。在油价 3300 元 /t（不含税油价为 2820.51 元 /t），原油商品率为 98% 条件下，单井经济极限日产量为 0.70t，单井经济极限年产量为 210.98t。

表 3-13 X2 区块新增储量作业成本表　　　　　单位：元 /t

可变成本	动力费	52.34
	压裂费	49.12
	燃料费	41.63
	材料费	111.08
	运输费	20.62
	原油处理费	20.59
	小计	295.38
固定成本	工资	126.88
	修理费	31.78
	注水费	27.1
	其他	351.51
	小计	537.27
合计		832.65

按照区块产量剖面，2039年平均单井日产小于极限日产为0.65t，经济可采储量（2038年以前的累计产量）为97.80×10^4t；其中2019年（含）以前原油累计产量18.41×10^4t；剩余经济可采储量79.39×10^4t。次经济可采储量20.64×10^4t。

3.3.2.2 未开发区块经济可采储量评价

X3块预计上报新增探明石油地质储量561.37×10^4t，技术可采储量95.44×10^4t。依据开发概念设计，该块共部署各类井25口，其中新钻井18口（直井5口，水平井13口），利用老井7口。规划油井17口，注水井8口，采用注水方式开发。在评价期内，X3块累计产油82.50×10^4t，累计产液158.77×10^4t，累计注水177.85×10^4t。

（1）新增投资估算。

新增投资是指评价起始年及其以后所发生的投资，包括勘探投资和开发投资。评价起始年前成功钻井（可为开发生产所用能转成开发井的各类井）的投资计入净资产考虑折旧。

①勘探投资。

预计要发生的勘探投资参与计算。勘探投资主要包括物探投资、探井投资和部分装备投资。物探投资主要指二维地震和三维地震投资，探井投资为探井总进尺与探井每米进尺成本的乘积。

②开发投资。

开发建设投资一般按开发方案或概念方案设计投资估算取值。开发投资包括开发井工程投资和地面工程投资。开发井工程投资为开发井总进尺与开发井每米进尺成本的乘积，地面工程投资按工作量或单井地面建设投资进行估算。按照开发概念设计方案要求，本方案投资只含评价起始年前成功开发井的投资和新增开发投资两部分。

新增石油探明储量区块内评价起始年前成功钻井的投资，按净值方式处理后参与计算。X2块利用7口井，截至评价起始年利用井净值为7747万元；新增开发投资（包括新钻开发井投资和地面建设投资）为59039万元。

a.开发井投资。

参照该区已完钻井，平均单位钻井成本直井为3900元/m，水平井取值 9600 元 /m。X2 块新钻井 18 口（直井 5 口，水平井 13 口），平均井深直井为 3150m，水平井为 3950m，测算开发井钻井投资为 55438.5 万元。

b. 地面建设投资。

参照该区块已完钻井平均单井地面投资水平 200 万元 / 井进行测算，X2 块预测地面投资 3600 万元，X3 块预测地面投资 4000 万元。

③流动资金估算。

流动资金的估算采用扩大指标法计算，按经营成本的 25% 计算。X2 块流动资金为 1095.51 万元，X3 块流动资金为 1030.91 万元。

④建设期利息。

按照《中国石油天然气集团公司油气勘探开发投资项目经济评价方法与参数》要求，在勘探项目中估算开发阶段投资时不考虑融资方案，因此不计算建设期利息。

（2）油气生产成本和费用估算。

油气生产成本是指油气生产过程中实际消耗的直接材料、直接工资、其他直接支出和其他生产费用等，包括油气操作成本、折旧折耗。费用主要指期间费用，即管理费用、财务费用和销售费用（图 3-3）。

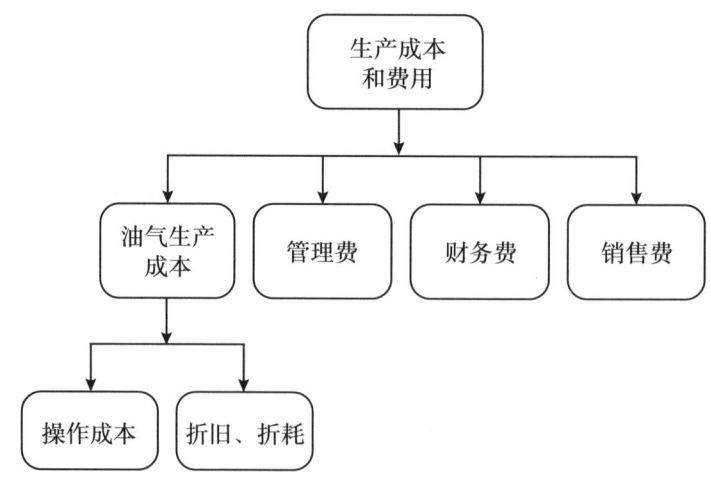

图 3-3　生产成本和费用构成图

依据采油单位财务决算值测算成本，不考虑通货膨胀和紧缩的影响。按与开井数、产液量和注水量等有关开发变量进行成本项目分类及定额测算。

折旧折耗：按产量法计算折旧折耗。

管理费用：按实际发生值计取，27.39万元/井。

销售费用：按销售收入的0.5%的规定提取。

X3在评价期内预计发生油气生产成本142750.41万元，平均单位操作成本949.32元/t。

（3）经济可采储量计算结果。

现金流量法计算的经济可采储量为评价单元的经济可采储量，对于评价单元中的产量数据是以开发单元为基础预测的，则每个开发单元到储量寿命结束时的累计产量，为各开发单元的经济可采储量。

在70美元/bbl条件下，X3块税后财务净现值8090.31万元，税后内部收益率15.57%，静态投资回收期5.75年，经济评价指标达到股份公司规定基准收益率12%的标准，符合经济可采储量计算标准。按照经济可采储量计算公式，计算原油经济可采储量为82.78×10^4t，溶解气经济可采储量为0.36×10^8m。

（4）剩余经济可采储量与次经济可采储量。

根据技术可采储量、经济可采储量计算结果与累计产量，求得剩余经济可采储量与次经济可采储量等。

$$剩余经济可采储量 = 经济可采储量 - 累计采油（气）量 \quad (3-15)$$

$$次经济可采储量 = 技术可采储量 - 经济可采储量 \quad (3-16)$$

X3块本次新增探明石油地质储量561.37×10^4t，技术可采储量95.44×10^4t，经济可采储量82.78×10^4t，次经济可采储量为12.66×10^4t，已累计产油0.28×10^4t，剩余经济可采储量82.50×10^4t；新增探明溶解气地质储量2.48×10^8m，技术可采储量0.42×10^8m，经济可采储量为0.36×10^8m，次经济可采储量为0.06×10^8m，剩余经济可采储量0.36×10^8m。

（5）敏感性分析。

在70美元/bbl条件下，通过投资、成本、产量、价格的变化，对X3块的内部收益率进行敏感性分析。可以看出，该区块抗风险能力较弱。当价格、产量降低10%，内部收益率低于行业标准（表3-14）。

表 3-14　X3 块内部收益率敏感性分析表（70 美元 /bbl）

变化率	内部收益率（%）			
	产量	价格	成本	投资
−20%	7.53	6.51	18.68	22.51
−10%	11.52	11.52	17.52	18.56
0	15.57	15.57	15.57	15.57
10%	19.54	18.56	15.57	13.52
20%	23.52	24.51	12.51	11.57

3.4　油气储量价值评估方法

油气勘探的目标是发现油气储量，油气勘探的效益体现在发现储量的价值上，实现储量价值最大化是勘探追求的最终目标。

对于一个矿权区块而言，只要储量经过国家或者企业认证，就具备了资产属性，就有价值。在国际上，矿产资源管理基本划分为资源量管理和储量管理，国家层面关注的是资源量管理，社会资本主要关注储量管理，因为储量对矿业投资人有实用价值，而资源量仅有参考价值。我国现行的储量管理，仍然侧重于技术管理。石油公司在取得探矿业权后，强调油气勘探开发一体化，自己找储量，自己谋开发，储量无偿使用是惯例。从储量申报到建产开发，强调更多的是开发方式和开采技术，对储量的认识缺乏价值观念，储量资产的概念尚未形成。

3.4.1　储量分级与矿业权市场流转

我国将地质储量分为预测、控制和探明三大类[17]。预测地质储量是指在圈闭预探阶段，预探井获得油气流，或者综合解释有油气层存在时，对有进一步勘探价值的、可能存在的油气藏，估算的、确定性很低的地质储量。控制地质储量是指在圈闭预探阶段，预探井获得工业油气流，并经过初步钻探认为可提供开采，所估算的、确定性较大的地质储量，其相对误差小于 ±50%。探明地质储量是指在油气藏评价阶段，经评价钻探，证实油气藏可供开采并能获得经济效益，所估算的、确定性很大的地质储量，其相对误差小于 ±20%。

3.4.1.1 油气体制深化改革政策相继出台

2017 年 5 月，国务院发布的《关于深化石油天然气体制改革的若干意见》提出，完善并有序放开油气勘查开采体制，实行勘查区块竞争出让制度和更加严格的区块退出机制，允许符合准入要求并获得资质的市场主体参与常规油气勘查开采，逐步形成以大型国有油气公司为主导、多种经济成分共同参与的勘查开采体系，"预测、控制、探明"三级储量作为"商品"，将成为矿业权流转的主体。2017 年 9 月，国土资源部《矿业权交易规则》（国土资规〔2017〕7 号）将油气矿业权交易纳入其中，突出了市场在资源配置中的决定性作用，强力促进了国内矿业权市场的建设步伐。

3.4.1.2 矿权区块流转与合作逐步推开

2017 年 12 月 5 日，国土资源部发布公告，塔里木盆地柯坪西区块等 5 个石油天然气勘查区块探矿权以挂牌方式公开出让，开启了民营油企进入上游开发领域的大门，中国石油与中国石化相继加大了矿权区块内部流转力度。2017 年年底，中国石油率先完成首批 16 个探（采）矿权区块在 7 个油气田公司的内部流转，中国石化随后也完成了华北油气分公司旬邑—宜君矿权区块向河南油田的移交。2019 年 2 月，中国石油完成了第二批 38 个探（采）矿权区块的内部流转，7 月 10 日，中国石化与中国海油签订了渤海湾、北部湾、南黄海和苏北盆地 19 个油气探矿权区块的合作框架协议，矿业权改革在国有石油公司跨出了重要一步。至此，传统意义上"划地为牢"的格局被打破。

在矿业权改革的大背景下，矿权区块的有偿转让势在必行，而科学评估矿权区块的储量价值，从民企到央企、从地方政府到国家政府，都是备受关注的重大问题和迫切需要解决的瓶颈难题。

3.4.2 油气储量的资产属性分析

国际上，储量通常指在现行经济与技术条件和政府法规下，预期指定日期之后能从地下的油气藏中采出的原油和天然气数量。矿产储量国际报告标准委员会（CRIRSCO）认为，储量是估算的，而不是计算的，因此带有很高的不确定性，是一种风险资产。

资产是企业用于生产经营活动，并能带来收益的财产。流动性和增值性是资产的共性。而储量资产是油气田开发生产中的半成品，既可以投入使用，也可以进入市场交易。因此，油气储量的价值除了与自身的资源禀赋相关外，还与时间和经济环境的变化密不可分，即油气储量资产具备实物性、流动性和不确定性。

（1）实物性。

油气储量资产作为石油公司的原料或存货，通过油气田开发变成产量，再通过销售产生收益。因此，油气储量资产作为实物，是石油公司的主要创效资产，也是衡量石油公司成长性的重要指标。在世界各大石油公司排名中，除了收入和利润外，储量和产量是重要的评价指标。

（2）流动性。

在国际上，油气储量资产作为商品，在市场上交易，彰显了其流动性。在我国，除了油气资源的合作开采之外，油气探矿权和采矿权的流动与转让已经逐步兴起，油气储量资产的流动将成为新常态。

（3）不确定性。

在不同的技术经济条件下，储量资产的保值增值存在很大的不确定性。一方面，受储量规模、开发环境、开采技术等因素影响，油气储量资产在数量上存在不确定性；另一方面，受国际油价、税收政策、市场环境的影响，油气储量资产在价值上存在不确定性。

3.4.3 全成本评估法的基本原理

油气储量资产评估通常是依据历史成本原则，以其发现成本来标志价值。但是，从油气储量资产可为经营者或拥有者带来收益的角度看，油气资产的价值将取决于未来的收益水平。所以，油气储量价值评估，不仅要考虑已发生的资金成本，还要兼顾对未来收益的期望值[18]。

3.4.3.1 历史成本计算

历史成本计算就是对过去形成资产投入的成本归集，体现了资产的投入价值。

$$C_{h} = I_{P} / N_{R} = (I_{PF} + I_{PE}) / N_{R} \quad (3-17)$$

式中 I_P——勘探投入，万元；

I_{PF}——预探投入，指发现预测和控制地质储量的投入，万元；

I_{PE}——评价投入，指获批探明地质储量的投入，万元；

N_R——探明技术可采储量，10^4t；

其中，$I_P = I_{PF} + I_{PE}$。

3.4.3.2 折现成本计算

折现成本计算就是将过去形成资产的折现，即储量资产按照现在经济条件的发现成本，它体现了资产的重置价值，是储量价值的盈亏平衡线。

$$PV = \frac{I_P}{(1+CPI)^t} \quad (3-18)$$

式中 t——储量发现时间，a；

CPI——居民消费价格指数，%。国家统计局 2019 年 1 月发布的数据显示，2018 年 CPI 上涨 2.1%，4 年来首次超过 2%。

折现成本计算的操作流程为：(1)统计汇总储量单元发现年份、资本化和费用化投入金额、地质和技术可采储量值；(2)将勘探投入按 10 年进行折旧，确定目前净值；(3)将净值从储量获批年份起进行折现，确定其现值。

3.4.3.3 增值收益估算

储量作为油气资产，需要保值增值，储量的增值收益估算就是依据目前的经济技术条件，测算未来将升值的空间。

增值收益估算的操作流程为：(1)技术指标预测。根据储量区块的开发概念设计确定产量预测剖面，计算技术可采储量；(2)经济指标预测。依据目前经济技术条件估算投资、成本、税费等指标，建立经济评价参数体系；(3)效益评价。编制现金流量表，计算内部收益率和净现值指标，确定储量投入开发后增加的价值。

3.4.3.4 全成本估算

油气储量的全成本价值是探明地质储量投入资金与未来可获收益的

总和。

$$储量价值 = 折现成本 + 增值收益 \quad (3-19)$$

式中，折现成本是将过去形成的资产折现，增值收益是依据目前经济技术条件测算未来的升值空间。

3.4.4 油气储量价值评估方法实例剖析

A 区块为构造—岩性圈闭，油层埋深为 2750~3215m，储层孔隙度为 5.5%~12.9%，中值为 6.2%；有效渗透率为 1~46mD，中值为 6mD，为低孔低渗透储层；50℃时原油黏度为 6.25mPa·s，含蜡量为 3.82%，胶质+沥青质含量为 17.67%。长期以来，由于地质和经济原因，该区块一直处于未动用状态。对 A 区块的石油储量进行了价值评估。

3.4.4.1 历史成本计算

A 区块 2009 年获批控制地质储量 1500×10^4t，勘探投资 9406 万元；2010 年获批探明地质储量 642×10^4t、可采储量 117×10^4t，勘探投资 4510 万元。

$$C_h = I_P / N_R = (I_{PF} + I_{PE})/N_R = (9406+4510)/117 = 13916/117 = 119 \text{ 元}/t$$

即勘探投入为 1.3916 亿元，发现成本为 119 元/t。

3.4.4.2 折现成本计算

按平均折旧法（10 年）计算，A 区块勘探投入到 2019 年年底，净值为 1391.6 万元。按照 2018 年全国 CPI 上涨率 2.1% 估算。

$$PV = \frac{I_P}{(1+\text{CPI})^t} = \frac{1391.6}{(1+2.1\%)^9} = 1154.2 \text{ 万元}$$

即 A 区块投入资金折现为 1154.2 万元。

3.4.4.3 增值收益估算

（1）技术指标预测。

根据 A 区块开发概念设计，结合低渗透非均质储层特点，采用 1 套层系、油井压裂改造、注水补充能量开发。设计采油井 76 口、注水井 26 口，单井控制地质储量为 10.6×10^4t，高峰期年产油 10.31×10^4t，最大地质储量采油速度为 1.28%（表 3-15）。

表 3-15 A 区块产量预测表

年度	采油井数（口）	注水井数（口）	平均单井日产油量（t）	平均单井日产气量（m³）	年产油量（10⁴t）	年产气量（10⁴m³）	年产水量（10⁴m³）	年注水量（10⁴m³）	累计产油量（10⁴t）	累计产气量（10⁸m³）	累计产水量（10⁴m³）
1	36	12	6.0	2017	5.07	2397	1.69	7.92	13.27	0.33	5.29
2	58	20	4.2	1853	8.11	3547	4.18	17.31	21.38	0.69	9.47
3	76	26	4.1	1700	10.31	4264	9.14	25.82	31.69	1.11	18.61
4	76	26	3.9	1439	9.85	3609	14.77	30.72	41.53	1.47	33.38
5	76	26	3.5	1128	8.86	2829	20.68	35.03	50.40	1.76	54.06
6	76	26	3.2	827	7.98	2075	25.26	38.18	58.38	1.96	79.33
7	76	26	2.9	623	7.34	1562	27.61	39.49	65.72	2.12	106.94
8	76	26	2.7	477	6.75	1197	29.75	40.68	72.47	2.24	136.69
9	76	26	2.5	381	6.21	955	30.77	40.82	78.68	2.34	167.45
10	76	26	2.3	300	5.78	683	30.79	40.14	84.46	2.41	198.24
11	76	26	2.1	203	5.37	381	30.93	39.63	89.83	2.44	229.17
12	76	26	2.0		5.05		31.03	39.20	94.88	2.44	260.20
13	76	26	1.9		4.75		31.22	38.91	99.63	2.44	291.42
14	76	26	1.8		4.46		31.24	38.46	104.09	2.44	322.66
15	76	26	1.7		4.24		31.09	37.95	108.33	2.44	353.75
16	76	26	1.6		4.03		31.00	37.52	112.36	2.44	384.75
17	76	26	1.5		3.83		30.96	37.15	116.19	2.44	415.70
18	76	26	1.4		3.63		30.98	36.87	119.82	2.44	446.69
19	76	26	1.4		3.49		30.39	36.04	123.31	2.44	477.08
20	76	26	1.3		3.35		30.15	35.57	126.66	2.44	507.23
21	76	26	1.3		3.22		29.60	34.81	129.88	2.44	536.83
22	76	26	1.2		3.09		29.07	34.07	132.96	2.44	565.90
23	76	26	1.2		2.96		28.57	33.36	135.93	2.44	594.47
24	76	26	1.1		2.87		28.37	33.03	138.80	2.44	622.84
25	76	26	1.1		2.79		28.20	32.71	141.59	2.44	651.04
26	76	26	1.1		2.71		28.03	32.41	144.30	2.44	679.07
27	76	26	1.0		2.59		27.54	31.74	146.91	2.44	706.37

（2）经济指标预测。

采用现金流量法估算经济可采储量，依据《中国石油天然气集团有限公司投资项目经济评价参数》（中油计〔2017〕22号）规定，原油价格取70美元/bbl，原油增值税税率为13%，城市维护建设税为7%，教育附加5%，资源税为4.56%，石油特别收益金起征点为65美元/bbl，基准内部收益率为8%，原油商品率取实际完成值为98.8%。

采油成本和期间费用按2017—2019年平均水平测算，平均单位操作成本1314.72元/t。

新增投资包括钻井投资和地面建设投资。其中，平均钻井成本为2600元/m，平均井深为3100m，测算钻井投资为68510万元；平均单井地面投资水平为160万元/井，测算地面投资为13600万元。

（3）效益评价。

通过现金流量计算，A区块储量寿命期为15年，可实现内部收益率11.37%，财务净现值为7663.8万元，估算经济可采储量为108×10^4t。按照全成本估算法，储量价值＝折现成本＋增值收益＝1154.2+7663.8=8818万元。截至2019年年底，A区块的储量价值为8818万元。

4 开发项目经济评价方法与实例

油气开发项目是指油气勘探阶段完成，通过油气藏评价提交探明储量后，对探明储量实施动用以及开发中后期为改善开发效果而实施的开发调整与提高采收率的项目。

油气开发项目按照项目的性质分为新建项目和改扩建项目；按项目建设目的分为产能建设、安全环保、节能技术改造等项目；按开采的资源分为常规、非常规和特殊矿种等项目。

开发项目经济评价遵循五条原则。即"有无对比"原则；效益与费用计算口径一致原则；定量分析与定性分析相结合、以定量分析为主原则；动态分析与静态分析相结合、以动态分析为主原则；收益与风险权衡原则。

4.1 开发项目经济评价方法

按照油气开发项目的性质（新建项目和改扩建项目）和建设阶段（决策、建设、运营），经济评价方法为折现现金流量法、有无对比法、跟踪对比法和前后对比法[19]。

4.1.1 折现现金流量法

折现现金流量法是指在考虑资金时间价值的条件下，根据项目在经济寿命期内各年现金流量，对其经济效益进行分析、计算和评价的一种方法。折现现金流量法适用于新建项目投资决策。折现现金流量法包括五个步骤。

4.1.1.1 依据开发方案预测开发指标

根据项目开发方案，确定基础工作量。针对油藏工程方案，主要掌握探明储量及其动用状况、油层埋深和储层特征，设计的生产井数、注入井数、单井产能、单井配注、年产出量、年注入量等开发综合指标预测结果；针对钻井工程方案，要掌握新井井型、钻井进尺、井身结构、完井工艺等设计指标；针对采油工程方案，需要掌握注入工艺、举升工艺、监测工艺和配套工艺设计结果；针对地面工程方案，要掌握注入系统、集输系统、供水系统、自控系统、供电系统和通信系统的设计结果。

4.1.1.2 建立经济评价参数体系

以开发方案为基础，建立技术参数体系，包括油气产量和商品量指标。以国家法律法规为基础，依据企业财务管理制度和经营策略，建立经济参数体系，包括产品价格、评价期和税费规定。其中：经济评价涉及的税费主要包括增值税、城市维护建设税、教育费附加、资源税、所得税等。城市维护建设税、教育费附加和资源税构成营业税金及附加，增值税只作为计算相关税额的依据。

4.1.1.3 依据设计工作量估算总投资

油气开发项目总投资指项目在评价期所需要的全部投资，包括建设期总投资和运营期投资。建设期总投资包括建设投资、建设期利息和流动资金；运营期投资是指为了弥补产量递减而新钻产能接替井所发生的钻井和地面投资。

建设投资是指项目从建设到投入运营前所需的全部投资，按工程内容可划分为开发井工程投资和地面工程投资两部分。

（1）开发井工程投资。

开发井工程投资指从钻前工程至试油工程结束的全部工程，包括钻前工程、钻井工程、固井工程、录井工程、测井工程、试油（新井投产）工程等。投资估算包括从钻前准备至试油（新井投产）的全部工程项目投资。

开发井工程投资由工程费用和其他费用项目组成。工程费包括钻前工程费、钻井工程费、固井工程费、录井工程费、测井工程费、试油（新井投产）工程费。

工程建设其他费是指在工程项目投资中支付的工程费用以外的其他费用，包括设计费、监督费、建设单位管理费等。

（2）地面工程投资。

地面工程投资是指从井口（采油树）以后到商品原油天然气外输为止的全部工程，油田地面建设主体工程包括井场、油井计量、油气集输、油气分离、原油脱水、原油稳定、原油储运、天然气处理、注水等，气田地面建设主体工程包括井场装置、集气站、增压站、集气总站、集气管网、天然气净化装置、天然气凝液处理装置等。油气田地面建设配套工程包括：采出水处理、给排水及消防、供电、自动控制、通信、供热及暖通、总图运输和建筑结构、道路、生产维修和仓库、生产管理设施、环境保护、防洪防涝等。

地面工程投资由工程费用、工程建设其他费用、预备费组成。工程费用包括设备购置费、安装工程费和建筑工程费，工程建设其他费用包括固定资产其他费用、无形资产费用和其他资产费用，预备费包括基本预备费和价差预备费。海上工程投资还应包括海上平台，储油轮，海底管线，海底电缆等费用[15]。

在建设投资分年计划的基础上，根据融资方案，对采用债务融资的油气田开发项目应计算建设期利息。建设期利息系指筹措债务资金时在建设期内发生并按规定允许在投产后计入油气资产原值的利息，即资本化利息。建设期利息包括银行借款和其他债务资金在建设期内发生的利息以及其他融资费用。

油气开发投资项目建设期利息应在开发井工程投资和地面工程投资估算的基础上统一计算。估算建设期利息，需要根据项目进度计划，提出建设投资分年计划，列出各年投资额，同时应根据不同情况选择名义年利率或有效年利率。对于分期建成投产的项目，各期发生的投资作为项目建设投资的组成部分，按各期建设时间计算借款的利息费用，作为建设期利息予以资本化。

流动资金是指运营期内长期占用并周转使用的资金，等于流动资产与流动负债的差额，但不包括运营中临时性需要的营运资金。项目经济评价中，流动资产的构成要素通常包括存货、现金、应收账款和预付账款，流动负债的构成要素一般只考虑应付账款和预收账款，而预付账款和预收账款难于预测，简化计算可不予考虑。流动资金的估算一般采用扩大指标法和详细估算法。

①扩大指标估算法。通常采用正常年份经营成本的15%~20%。

②详细估算法。对流动资产与流动负债的主要构成要素分项进行估算，编制"流动资金估算表"，首先确定各分项最低周转天数，计算出周转次数，然后进行分项估算。

由于油气开发投资项目在生产期产量及操作成本每年都在发生变化，导致所需流动资金每年也都随之变化。如果流动资金本年增加额大于零，在现金流量表中作为现金流出计入流动资金；如果流动资金本年增加额小于零，在现金流量表中作为现金流入计入当年回收流动资金，计算期末回收流动资金余额。

4.1.1.4 依据生产指标测算总成本费用

总成本费用指油气开发项目在运营期内为油气生产所发生的全部费用，由生产成本和期间费用组成。

（1）生产成本。

生产成本由操作成本和折旧折耗构成（图2-1）。

①油气操作成本。

油气操作成本也称作业成本，指在油气生产过程中操作和维持井及有关设备和设施发生的总的成本支出。主要包括直接材料、直接动力、生产人员工资、员工福利费、驱油物注入费、井下作业费、测井试井费、维护及修理费、稠油热采费、轻烃回收费、油气处理费、天然气净化费、运输费、其他直接费和厂矿管理费等15项。

油气操作成本估算采用相关因素法，即根据驱动各项操作成本变动的因素以及相应的费用定额估算操作成本。成本动因包括采油气井数、总生产井数、采液量、注水量、采油量等，费用定额的取定应参考同类区块或相似区块的操作成本数据并综合考虑开发区块的位置、开采方式、地面工艺流程、油藏物性和单井产量等因素。有条件的可采用设计成本法，即根据每项成本的预测消耗量和相应的价格进行估算。

a. 直接材料费。指采油采气过程中，直接消耗于油气井、计量站、集输站、集输管线以及其他生产设施的各种材料的费用，可以油气开井数为基础按单井费用指标计算。

b. 直接动力费。指采油采气过程中，直接消耗于油气井、计量站、集输站、集输管线以及其他生产设施的电力等的费用，可以油气开井数为基础按单井费用指标计算。

c. 生产人员工资。指直接从事于生产的采油队、采气队、集输站等生产人员的工资，可以油气开井数为基础按单井费用指标计算，也可按定员按人员费用标准估算。

d. 员工福利费。指直接从事于生产的采油队、采气队、集输站等生产人员的福利、奖金、津贴和补贴、工会经费、教育经费、社会保险、商业人身保险、住房公积金、独生子女费等，可以油气开井数为基础按单井费用指标计算，也可按定员按人员费用标准估算。

e. 驱油物注入费。指为提高采收率，对地层进行注水、注气或者注化学物等所发生的材料、动力、人员等费用。驱油物注入费可以注入物量为基础按单位注入量费用指标计算。对于外购的注入物，例如化学物、CO_2等气体，在注入站消耗的材料、动力、人员等费用基础上，按照注入物的消耗量和单价计算注入物的材料费用。

f. 井下作业费。包含维护性井下作业费和增产措施井下作业费两部分。维护性井下作业是维持油气水井正常生产必须进行的作业，包括检泵、修井等；增产措施井下作业是为增加油气产量而进行的井下作业，包括压裂、酸化、排水采气等。井下作业费分为油气井井下作业费和注入井井下作业费，可以油气开井数为基础按单井费用指标计算。

g. 测井试井费。指油气生产过程中为掌握油气田地下油气水分布动态所发生的测井试井费用，分为油气井测井试井费和注入井测井试井费，可以油气开井数为基础按单井费用指标计算。

h. 维护及修理费。指为了维持油气田地面系统的正常运行，对油气资产地面设施设备进行维护、修理所发生的费用；为保证安全生产修建小型防洪堤、防火墙、防风沙林等不属于资本化支出的费用；辅助设备和设施发生的修理费用。维护及修理费可按地面工程投资的一定比例计算。

i. 稠油热采费。指采用蒸汽吞吐或其他热采方式开采稠油所发生的材料、动力、人员等一切费用，包括造汽、注汽、保温等环节的各项费用，以注入蒸汽量为基础按每吨费用指标计算。

j. 轻烃回收费。指从原油或天然气中回收凝析油和液化石油气过程中所发生的材料、动力、人员等一切费用。油田以原油产量基础按每吨费用指标计算，气田以天然气产量为基础按每千立方米费用指标计算。

k. 油气处理费。指在集中处理站中对原油进行脱水、脱气及含油污水脱油、回收过程中所发生的材料、动力、人员等一切费用，以处理液量为基础按每吨费用指标计算。

l. 天然气净化费。指在天然气处理厂（净化厂）对天然气进行脱水、脱油、脱硫等过程中发生的材料、燃料、动力、人员等一切费用，以天然气产量为基础按每千立方米费用指标计算。

m. 运输费。指为油气生产提供运输服务的运输费以及按规定交纳的车辆养路费、养河费等，包括单井拉油运费。油气田生产一般性的运输费用，可以总井数为基础按单井费用指标计算，单井拉油运输费应根据运输距离以采液量为基础按每吨费用指标计算。

n. 其他直接费。指上述费用以外的直接用于油气生产的其他费用，以总井数为基础按单井费用指标计算。

o. 厂矿管理费指油气生产单位包括采油（气）厂、矿两级生产管理部门为组织和管理生产所发生的管理性支出，以全部定员为基础按每人费用指标估算，也可以总井数为基础按单井费用指标计算。

对油气操作成本进行成本结构分析、成本水平分析和成本变化趋势分析。根据油气田的生产流程和现有组织结构等基本情况，将油气操作成本分为采出作业、注入作业、处理作业、管理作业四部分，分析其比例关系、单位成本水平以及其变化趋势。

与 15 项操作成本项目相对应，采出作业成本包括材料、燃料、动力、人员费用、油井井下作业费、油井测井试井费和维护及修理费等，注入作业成本包括驱油物注入费、注入井井下作业费、注入井测井试井费和稠油热采费等，处理作业成本包括轻烃回收费、油气处理费、天然气净化费等，管理作业成本包括运输费、其他直接费和厂矿管理费等。

②折旧折耗。

固定资产折旧：指固定资产由于损耗，而转移到产品中去的那部分价值。它反映了固定资产在当期生产中的转移价值。

油气资产折耗：指油气资产随着当期开发而逐渐转移到所开采产品（油气）成本中的价值。它是为补偿油气资产在生产过程中的价值损耗，而提取的补偿费用。

提取折旧折耗的方法有平均年限法和产量法。

平均年限法。也称直线折旧法，计算公式为

$$年折旧额 = （固定资产原值 - 固定资产残值）\div 折旧年限 \quad (4-1)$$

产量法。计算公式为

$$折耗率 = 年产量 \div 评价期总产量 \times 100\% \quad (4-2)$$

$$年折耗 = 油气资产原值 \times 折耗率 \quad (4-3)$$

由于项目财务分析要求进行项目融资前分析和项目融资后分析，建设期利息计算与否直接影响油气资产原值和折耗。为了简化计算，项目融资前分析和项目融资后分析的折耗都按包含建设期利息的油气资产原值计算。

（2）期间费用。

期间费用指企业行政管理部门为组织生产和管理生产经营及销售活动而发生的各项费用，包括管理费用、财务费用、营业费用和勘探费用。

①管理费用。指地区分公司一级的管理部门为组织和管理生产经营所发生的管理费用。包括董事会和行政管理部门在经营管理中发生的，或者应由本公司统一负担的公司经费（包括行政管理部门职工薪酬、修

理费、物料消耗、低值易耗品摊销、办公费和差旅费等）、其他劳动保险、财产保险费、安全生产费用、残疾人就业保障金、董事会费（包括董事会成员津贴、会议费和差旅费等）、聘请中介机构费、咨询费（含顾问费）、诉讼费、业务招待费、房产税、车船使用税、土地使用税、印花税、技术转让费、石油特别收益金、防洪基金、价格调节基金、折旧费、无形资产摊销、排污费、劳务费、技术服务费、警卫消防费、信息系统维护费、清欠经费、存货盘亏或盘盈（不包括应计入营业外支出的存货损失）。

为简化计算，管理费用分为摊销费、矿产资源补偿费、石油特别收益金、安全生产费和其他管理费。自2014年12月1日起原油、天然气矿产资源补偿费费率降为零。

a. 无形资产摊销。从开始使用之日起摊销，土地按使用年限摊销，其他无形资产按十年分期摊销；其他资产摊销自投产之日起，按照五年分期摊销。

b. 石油特别收益金。指国家对石油开采企业销售国产原油因价格超过一定水平所获得的超额收入按比例征收的收益金。根据财政部印发的《石油特别收益金征收管理办法》，凡在中华人民共和国陆地领域和所辖海域独立开采并销售原油的企业，以及在上述领域以合资、合作等方式开采并销售原油的其他企业均应当按照规定缴纳石油特别收益金。

石油特别收益金实行5级超额累进从价定率计征，按月计算、按季缴纳。征收比率按石油开采企业销售原油的月加权平均价格确定。石油特别收益金计算公式如下：

$$石油特别收益金 = [(原油价格 - 起征点) \times 征收比率 - 速算扣除数] \times 吨桶换算系数 \times 汇率 \times 原油商品量 \qquad (4-4)$$

在经济评价中，为简化计算，石油特别收益金的计算以年为单位。

c. 安全生产费。按照国家和行业规定，对在中华人民共和国境内直接从事勘探生产、危险品生产和存储、交通运输的企业等均应提取的费用。油气勘探生产企业依据开采的油气产量提取安全生产费用。

d. 其他管理费。指管理费用中除摊销费、矿产资源补偿费、石油特别收益金和安全生产费以外的部分。根据管理费用的构成和变动规律，其他管理费用以全部定员为基础进行估算。如果没有定员计划，其他管理费以总开井数为基础按单井费用指标计算。

②财务费用。指项目筹集资金在运营期间所发生的各项费用，包括利息支出和其他财务费用。

为简化计算，在经济评价中不计算其他财务费用。运营期间发生的利息支出，包括长期借款、流动资金借款、短期借款的利息净支出和弃置成本财务费用。

a. 长期借款利息。指对建设期间借款余额（含未支付的建设期利息）应在生产期支付的利息。在项目评价时，应根据项目（企业）具体情况及银行等债权人要求确定利息计算方法。

b. 流动资金借款利息。项目评价中估算的流动资金借款，从本质上说，应归类为长期借款，但考虑流动资产可变现能力强，通常是按年末偿还、下年初再借的短期借款处理，并按短期利率计息，计算公式为

$$流动资金借款利息 = 流动资金借款余额 \times 年利率 \quad (4-5)$$

财务分析中，对流动资金的借款偿还，一般可设定在计算期最后一年或者在还完长期借款后安排。

c. 短期借款利息。项目评价中的短期借款指生产运营期间为了资金的临时需要而发生的短期借款。短期借款的数额应在财务计划现金流量表中有所反映，其利息应计入财务费用。短期借款利息的计算同流动资金借款利息，其偿还按照随借随还（即当年借款尽可能于下年偿还）的原则处理。

d. 弃置成本财务费用。指按长期借款利率计提的财务费用，采用复利计算方法，生产期每年计提的弃置成本财务费用是逐年增加的，年末计提弃置成本财务费用等于期初帐面价值与长期借款利率的乘积。

$$第 t 年的弃置成本财务费用 = 第 t 年期初帐面价值 \times i \div (1+i)^{n-1}$$

$$(4-6)$$

式中　i——长期借款有效年利率；

　　　n——运营期。

提取的弃置成本财务费用形成预计负债。弃置费用财务费用不是实际的利息支出，各财务报表中的利息支出或付息均不包括弃置费用财务费用。

③营业费用。指企业销售商品过程中发生的费用，包括运输费、装卸费、包装费、保险费、展览费和广告费，以及为销售本单位商品而专设的销售机构（含销售网点、售后服务网点等）的业务费、职工薪酬、折旧费、信息系统维护费等经营费用。为了简化计算，经济评价中将营业费用归为工资或薪酬、折旧费、修理费和其他营业费用四部分。其他营业费用是指由营业费用中扣除工资或薪酬、折旧费和修理费后的其余部分，经济评价中营业费用按营业收入的一定比例计算。

④勘探费用。指地质调查和地球物理勘探费用、其他物化探和地震费用、未发现经济可采储量的探井和评价井费用、成功探井和评价井的无效井段费用。上市公司财务规定，油气勘探支出的会计处理采用成果法。即只有发现探明经济可采储量的勘探支出，才能予以资本化；其他勘探支出均列入当期损益。

在油气田滚动开发投资项目中，为完成油气产量目标而必须在生产运营期新增的探明储量所预计发生的勘探投资，其中属于费用化的部分列入勘探费用。

值得注意的是，根据油气勘探开发项目经济评价需要，对总成本费用进行分析时，通常需要计算经营成本、固定成本和可变成本。

经营成本。运营期内为生产产品和提供劳务而发生的各种耗费，由油气操作成本、石油特别收益金、安全生产费、其他管理费、其他营业费和勘探费用构成，或由总成本费用减折耗、摊销和财务费用得到。

固定成本。指不受产量增减变动影响的各项成本费用。包括：直接材料费、直接动力费、井下作业费、测井试井费、生产人员工资、职工福利费用、折耗、维护及修理费、其他直接费、厂矿管理费、摊销费、其他管理费用和财务费用。

可变成本。指随产品产量增减而成正比例变化的各项费用，包括驱油物注入费、稠油热采费、轻烃回收费、油气处理费、天然气净化费、运输费、其他营业费用、安全生产费等。

（3）计算经济评价指标。

编制现金流量表，计算内部收益率、财务净现值、投资回收期等效益指标，考察项目盈利能力。

①营业收入。

指项目投产后，通过销售油气商品及副产品取得的收入，计算公式为

$$营业收入 = 油气产量 \times 油气商品率 \times 油气销售价格 + 副产品收入 \tag{4-7}$$

在项目经济评价中，油气商品率根据油气生产过程中发生的损耗和自用情况综合确定。油气价格执行行业或企业的规定。

②利润。

利润指收益超过相应损耗的余额，是企业经济目标的集中表现。利润总额是企业在一定期间内实现的盈亏总额，是企业最终的财务成果，是衡量企业生产经营管理水平的重要经济指标。净利润是当期利润总额减去所得税后的金额。计算公式为

$$利润总额 = 销售收入 - 销售税金及附加 - 总成本费用 \tag{4-8}$$

$$税后利润 = 利润总额 - 所得税 \tag{4-9}$$

③内部收益率。

当内部收益率大于或等于行业基准收益率时，项目具备经济可行性。

④财务净现值。

在设定的行业基准收益率下，当财务净现值等于或大于零时，项目具备经济可行性。

⑤投资回收期。

投资回收期短，表明项目投资回收快，抗风险能力强。

⑥投资收益率。

投资收益率高于企业的收益率参考值，表明项目盈利能力满足企业要求。

4.1.2 有无对比法

有无对比法是通过比较"有项目"和"无项目"两种情况下，项目

的投入物和产出物可获量的差异，判别项目的增量费用和效益，评价项目带来的增量效益。有无对比法的操作流程共分为以下四个环节。

（1）"有项目"评价。

根据项目在经济寿命期内各年的现金流量，分析计算项目实施后的内部收益率、财务净现值、投资回收期等经济指标。

（2）"无项目"评价。

保持拟建项目范围内的生产设施和生产能力，分析原项目（即不实施拟建项目）在经济寿命期内各年的现金流量，计算内部收益率、财务净现值、投资回收期等经济指标。"无项目"的数据是非常重要的基础数据，如果不上拟建项目，与现状相比，各项投入和产出指标也必然发生变化，因此，在"无项目"分析时，必须对其变化趋势进行预测。

（3）"增量"评价。

用"有项目"现金流减去"无项目"的现金流得到"增量"现金流，计算项目的增量内部收益率、财务净现值、投资回收期等经济指标。其中投资为增量投资、成本为增量成本、效益为增量效益。

（4）进行盈利能力分析。

通过"有项目"与"无项目"的对比，用增量费用与增量效益进行增量分析，根据增量指标进行投资决策。

在实际操作中，应注意三个问题。第一，正确识别与估算"现状""无项目""有项目""新增"和"增量"等五种状态下的资产、资源、效益与费用。"无项目"与"有项目"的口径与范围要保持一致，避免费用与效益误算、漏算或重复计算。第二，坚持"费用与效益口径一致"原则，如果"无项目"的计算期短于"有项目"的计算期，可通过追加投资（局部更新或全部更新）来维持"无项目"的计算期，延长其寿命至"有项目"的结束期，并于计算期末回收资产余值；如果在经济或技术上延长寿命不可行，则适时终止"无项目"的计算期，其后各期现金流量为零。第三，"有项目"中的原有资产，无论利用与否，均与新增投资一起计入投资费用。可利用资产，按其净值提取折旧与修理费。不可利用资产，如果变卖，则按其变现价值计作现金流入，不能冲减新增投资；如果报废，则作为资产的一部分，但计算折旧时不考虑。

有无对比法一般应用于改扩建项目投资决策。在油气田开发建设项目中，老油气田开发调整中的二次开发项目、提高采收率项目、开发方式转换项目等均属于改扩建项目。

4.1.3 前后对比法

前后对比法确切地说是项目建设竣工后的总结评价，是指在项目竣工后，对其前期决策、实施和生产运用过程，以及既定目标、投资效益、影响与持续性等方面进行的综合分析和系统评价，判断项目预期目标的实现程度。

前后对比法的操作流程共分为五个环节，即：(1)项目预期目标是否实现以及实现程度评价；(2)项目成功或失败原因剖析；(3)项目的经济效益评价（包括投资、成本、效益三类指标的详细分析）；(4)项目对社会和环境影响的可持续性评价；(5)项目成功度综合评价、经验与教训总结、下步建议。

前后对比法一般应用于项目后评价阶段。

4.1.4 跟踪对比法

跟踪对比法是指项目从实施运营到经济废弃之前，任何一个时间点所进行的实时评价。这种方法侧重于项目执行过程中的效果反馈，将项目运营期间取得的实际数据，从投资、产量、成本和效益四个层面，对项目进行定期跟踪，通过完成指标与方案设计指标的对比，分析差异和原因，评价项目的阶段效果，实时监控项目的预期效果的实现程度。

跟踪对比法的操作流程共分为三个环节，即：(1)梳理建立方案设计指标与实际运行指标对比表或对比图版；(2)计算建立项目的开发红线指标；(3)动态更新生产数据，定期反馈项目投入产出状况。

跟踪对比法一般应用于项目实施运营阶段。

4.2 开发项目经济评价指标体系

与经济评价方法相对应，根据项目的决策、建设和运营三个阶段的决策特点，经济评价指标体系存在较大差异。

4.2.1 决策阶段

决策阶段主要目的是评价项目投资的必要性和可行性，回答为什么要投资的问题，其指标体系由盈利能力评价指标和经济极限评价指标两大类构成。

4.2.1.1 盈利能力评价指标

盈利能力指标是从项目投资获利的能力角度出发，考察项目的合理性；通过项目评价指标与行业规定指标对比，判断项目的经济可行性。

（1）新建项目主要指标为内部收益率、财务净现值、投资回收期。

（2）改扩建项目主要指标为增量内部收益率、增量财务净现值、增量投资回收期。其中：增量内部收益率为进行有项目和无项目效益对比时，两个项目净现值相等时的折现率；增量财务净现值为按行业基准收益率或设定的目标收益率，将计算期内各年有项目和无项目对减后，净现金流量折算到开发活动起始点的现值之和；增量投资回收期为从有项目的投建之日起，用有项目和无项目对减后所得的净收益，偿还原始投资所需要的时间。

4.2.1.2 经济极限评价指标

经济极限评价指标是指项目达到最低经济效益指标允许的极限值，是项目盈亏平衡的底线，主要用于界定项目的废弃年限，包括经济极限产量、经济极限含水、经济极限油汽比、极限操作成本。

经济极限产量、经济极限含水、经济极限油汽比具体计算方法见章节3.2.1。极限操作成本是指规定油价下，现金流量为零时对应的操作成本。计算公式为

$$g = p - d - e - f \tag{4-10}$$

式中　g——极限单位操作成本，元/t；

p——原油销售价格，元/t；

d——原油资源税，元/t；

e——城建、教育附加税金，元/t；

f——销售及管理费，元/t。

4.2.2 建设阶段

建设阶段是指项目从开工到竣工的过程，其指标体系分跟踪评价指标和后评价指标两大类。

（1）跟踪评价指标主要是成本指标（即年度单位操作成本）和效益指标（即阶段增量净现金流）。

（2）后评价指标主要是投资对比指标（即建设投资）、成本对比指标（即平均单位操作成本）和效益对比指标（即内部收益率、财务净现值、投资回收期）。

4.2.3 运营阶段

运营阶段是对项目运营过程的组织、实施和控制，主要目的是保证项目按方案设计运行，其指标体系由对比评价指标和开发红线指标两大类构成。

（1）跟踪评价指标。

跟踪评价指标主要用于及时发现项目执行过程中出现的问题，为项目决策和调整提供依据。

跟踪评价指标主要是成本指标（即年度单位操作成本）和效益指标（即阶段增量净现金流）

（2）开发红线指标。

开发红线指标是根据经济极限指标建立项目运行的年度预警红线，为接近经济界限的项目提出效益风险预警。红线指标包括开发指标红线、成本指标红线和效益指标红线三大类。

①开发指标红线。根据前述经济极限指标计算方法，计算不同项目所对应的极限含水、极限油汽比、极限产油量等指标，确定开发指标预警线。

②成本指标红线。根据前述经济极限指标计算方法，计算项目极限操作成本指标，确定成本指标预警线。值得注意的是：决策阶段与运营阶段用于确定极限操作成本的油价不同，前者为规定油价，后者为实际油价。

③效益指标红线。通过计算项目的投资收益率，确定效益指标预警线。

4.3 开发项目经济评价实例

以新油田开发方案、老油田采收率项目和页岩气项目为例，阐述开发项目经济评价方法的应用过程和难点问题的处理技巧。

4.3.1 新建项目经济可行性评价

X4区块某油田2013年新建产能区块，动用地质储量3537×10^4t，溶解气地质储量$45.42\times10^8m^3$，采取"注气开采+储气库"模式开发。该方案经济评价涉及参数复杂、方法要求精细、各专业工程方案衔接严谨，具备典型性和代表性。

4.3.1.1 项目概况

X4区块随着开发的深入，由于受底层压力下降影响，油井产量呈现下降趋势，急需补充地层能量。采用循环注气开采方式，可以使地层压力得到进一步恢复，稳定X4区块稀油产量可以达到增加采收率的目的。同时逐步建设地下储气库，减轻秦皇岛—沈阳天然气管道季节性调峰压力。

方案设计采油井53口，其中直井6口，水平井47口。通过整体注采平衡及段间产能接替，可实现稳产8~10年。方案设计最高年产油57×10^4t，最高采油速度1.61%。20年累计产油1186×10^4t，累计产气$54\times10^8m^3$，采油速度0.55%，采出程度33.54%。

在气驱阶段，运行压力为26~28MPa，从2018年开始应急调峰，年调峰量为0.59~$2.09\times10^8m^3$；气驱开发阶段，累计注气$85.08\times10^8m^3$，累计油井气窜量$32.12\times10^8m^3$，累计调峰量为$24.66\times10^8m^3$，地下累计存气量$28.30\times10^8m^3$；气驱开发结束后，建成储气库时，可实现最大库容量$29.01\times10^8m^3$，运行压力19~30MPa（按垂深3000m计算）下，工作气量可达$10.94\times10^8m^3$。

4.3.1.2 经济评价参数选取

（1）评价依据《中国石油天然气集团公司建设项目经济评价参数》

《油田开发管理纲要》。

（2）以60美元/bbl（人民币2850元/t）价格，对X4区块注气开发方案进行效益评价。

（3）X4区块自产气扣除回注气后价格按油田平均销售价格1100元/10^3m^3计算。

（4）X4区块调峰气价格按油田平均销售价格1100元/10^3m^3计算。

（5）气驱阶段经济评价计算年限20年（2013—2032年）；储气库阶段经济评价计算年限20年（2033—2052年）。

（6）投资测算依据为《X4区块注气开发方案》。

（7）按照开井数、产液量和注气量等有关开发变量进行成本项目分类及定额测算相关成本预测数据。

（8）经济评价分为注气开发和储气库建设两个部分，因弃置工作量难以量化，本次经济评价弃置费用不予考虑。

4.3.1.3 投资估算

4.3.1.3.1 注气投资

（1）建设投资。

①钻井工程投资。

a. 新井钻井投资。

X4区块注气开发方案部署新钻开发井4口，均为水平井，钻井总进尺2.1452×10^4m。开发井钻井投资27800.6万元，单位成本12959.45元/m（表4-1）。

表4-1 X4区块新钻井投资估算明细表

序号	项目	井数（口）	进尺（10^4m）	单位成本（元/m）	金额（万元）
1	钻前工程	4	2.1452		467.03
2	钻井工程	4	2.1452	10018.05	21490.72
3	固井工程	4	2.1452	926.38	1987.28
4	录井工程	4	2.1452	549.44	1178.65
5	测井工程	4	2.1452	1247.87	2676.93
合计				12959.45	27800.6

b. 老井治理投资。

X4 区块注气开发需要对周边避气距离较近的 13 口老井进行工程处理，才能确保注气质量达到开发调整的要求。13 口老井治理投资 7402.84 万元（表 4-2）。

表 4-2　X4 区块注气井周边老井治理投资测算表　　单位：万元

井号	完井方式	下尾管		套管回接		合计
		套管＋筛管	管外封＋分级箍	套管回接	管外封＋分级箍	
H2	裸眼完井	268.82	300.00	126.92	50.00	745.74
H3	裸眼完井	227.84	300.00	121.03	50.00	698.87
H4	裸眼完井	167.38	300.00	120.00	50.00	637.38
H6	裸眼完井	229.93	270.00	113.37	50.00	663.30
H206	裸眼完井	276.63	300.00	115.88	50.00	742.51
H209	裸眼完井	270.35	300.00	107.23	50.00	727.58
H211	裸眼完井	268.59	300.00	108.59	50.00	727.18
H229	裸眼完井	267.87	300.00	114.02	50.00	731.88
H231	裸眼完井	286.40	300.00	116.00	50.00	752.41
H102	悬挂筛管	0.00		149.00	50.00	199.00
H108	悬挂筛管	0.00		149.00	50.00	199.00
y83	悬挂尾管	247.00		0.00		247.00
y94	套管完井	331.00		0.00		331.00
合计						7402.84

c. 观察井配套投资。

X4 区块设计观察井 5 口，配套投资 5876.2 万元（表 4-3）。

表 4-3　X4 区块观察井配套投资测算表

序号	费用项目名称	单位	用量	单价（万元）	金额（万元）
1	气密封油管（Φ114mm）	根	2049（18443m）	0.74	1527
2	70MPa 采气树	套	5	270	1350
3	井下工具	套	5	210	1050
4	安全控制系统	套	5	52	260
5	完井作业费用	次	5	20	100
6	井下工具检测费	次	5	4	20
7	完井工具人工服务费	次	5	3	15
8	气密检测	根	2049	0.18	368.8
9	套管保护液	m³	251.5	0.4	100.6
10	压力实时监测装置	套	5	110	550
11	总计不可预见费 10%				534.2
	总计				5876.2

②采油工程投资。

X4区块采油工程资金预算总额为7613.5万元(表4-4)。

表4-4 X4区块采油工程资金安排表

序号	费用项目名称	单位	用量	单价(万元)	金额(万元)
1	气密封油管(Φ114mm)	根	1968(17718m)	1.41	2777.2
2	70MPa采气树	套	4	270	1080
3	井下工具	套	5	295.5	1477.7
4	安全控制系统	套	4	73.1	292.7
5	完井作业费用	次	4	28.1	112.5
6	井下工具检测费	次	5	5.6	28.1
7	完井工具人工服务费	次	4	4.2	16.8
8	气密检测	根	1968	0.18	354.3
9	套管保护液	m³	171.7	0.4	68.7
10	压力实时监测装置	套	4	110	440
11	总计不可预见费10%				664.8
12	研究费、设计费				300
	总计				7613.5

③地面工程投资。

X4区块设计地面工程建设投资118300.46万元。其中：工程费用为87265.19万元，其他费用为18360.22万元，预备费用12675.05万元(表4-5)。

表4-5 X4区块地面工程建设投资估算表

序号	工程或费用名称	主要工程量	估算金额(万元)
一	工程费用		87265.19
1	集注站	注气、采气系统	56374.63
2	注采井场工程	1座注采井场	1892.18
3	兴古计量站	1座计量站	2945.03
4	站内注采管线	4km	779.19
4.1	注气管线	D114mm×12.5mm×1.2km	142.67
4.2	采气管线	D219mm×20mm×2.8km	636.53
5	输气联络线	D559mm×10mm×28.7km	9497.79
6	集输管线		4770.39

续表

序号	工程或费用名称	主要工程量	估算金额（万元）
6.1	$80\times10^4m^3/d$ 轻烃处理厂至兴古集注站输气管线	D508mm×8mm 无缝 L245×23.9km	4290.70
6.2	兴古集注站至兴三联外输凝液管线	D159mm×6mm 无缝 $20^\#$×4.5km	479.69
7	外部配套系统		10745.27
7.1	系统道路		713.75
7.2	供电工程		9147.12
7.3	光缆线路	40km	609.40
7.4	车辆	5台	275.0
8	施工单位 HSE 费用		260.70
二	其他费用		18360.22
三	预备费		12675.05
四	项目建设总投资		118300.46

④建设投资合计。

X4 区块注气方案建设投资 166993.6 万元。

（2）建设期利息。

贷款利息按照 6.4% 计算，兴古 7 潜山注气试验方案建设期利息 2447.9 万元。

（3）流动资金。

按照扩大指标法计算，X4 区块方案流动资金 20369.9 万元。

（4）项目总投资。

新增总投资 = 建设投资 + 建设期利息 + 流动资金 =189811.4 万元。

X4 区块利用已完钻井 63 口老井资产净值 187115.9 万元。

X4 区块注气方案总投资为 376927.3 万元。

4.3.1.3.2 储气库建设投资

根据《中国石油气藏型储气库建设经济评价技术规定》[20]，储气库项目总投资包括建设投资、建设期利息和流动资金三部分，建设投资分为前期评价费、工程投资、利用已有设施价值、补充垫气费、剩余储量价值等五部分。

（1）建设投资。

①前期评价费。

X4区块储气库前期评价费暂不考虑。

②工程投资。

X4区块储气库工程投资分为钻采工程、地面工程、输气联络线工程、环境保护工程等。储气库预计2032年建成，工程投资暂不考虑环境保护工程投资。兴储气库工程投资252886.8万元，其中钻采工程投资86957.1万元；地面工程和输气联络线工程投资165929.7万元。

a. 钻采工程投资。

钻井投资：储气库部署注采井14口，利用老井4口，新钻注采井10口，单位每米钻井成本按照12959.45元/m计算，新增钻井工程投资69501.5万元。

采油工程投资：储气库采油工程投资17455.6万元（表4-6）。

表4-6 X4区块储气库采油工程投资

序号	费用项目名称	单位	用量	单价（万元）	金额（万元）
1	气密封油管（Φ114mm）	根	4922（44295m）	1.4	6943.2
2	70MPa采气树	套	10	270	2700
3	井下工具	套	10	295.5	2955.5
4	安全控制系统	套	10	73.1	731.8
5	完井作业费用	次	10	28.1	281.4
6	井下工具检测费	次	10	5.6	56.2
7	完井工具人工服务费	次	12304.1	4.2	42.2
8	气密检测	根	429.4	0.18	885.9
9	套管保护液	m^3	429.4	0.4	171.7
10	压力实时监测装置	套	10	110	1100
11	总计不可预见费10%				1586.8
	总计				17455.6

b. 地面工程和输气联络线工程投资。

X4区块储气库地面工程和输气联络线工程工艺技术线路示意方框

流程图如图 4-1 所示：

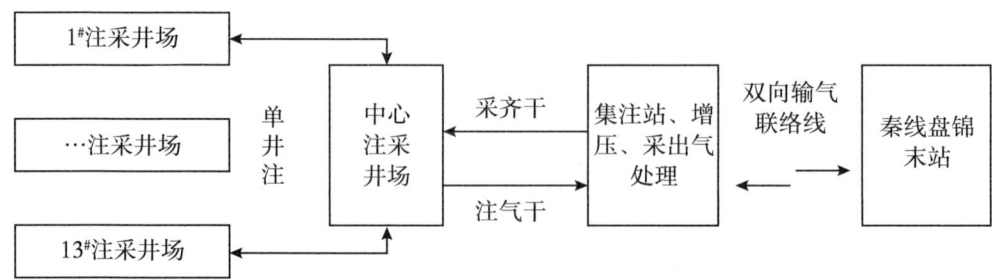

图 4-1　X4 区块地面工程和输气联络线工程工艺技术线路示意程图

地面工程和输气联络线工程投资共计 165929.7 万元。其中工程费 133814.25 万元，其他费用 17841.9 万元，预备费用 14273.52 万元（表 4-7）。

表 4-7　X4 区块储气库地面工程及输气联络线工程投资

序号	工程内容／费用名称	单位	数量	估算金额（万元）	备注
Ⅰ	工程费用			133814.25	
一	注采气井场	座	13	9750	
二	注采管线				
1	输气联络线	km	19	15123	D660mm×10mm L485
2	注气干线	km	17	18855	D323.9mm×20mm L485
3	采气干线	km	17	12927	D457mm×12.5mm L485
4	单井注采管线	km	22	7834	D219mm×14.2mm L485
三	集注站			67613.25	
1	注气系统	套	1	30896.25	
2	采气系统	套	1	20632	
3	配套系统	套	1	16085	
四	外部配套系统			1712	
1	道路部分	km	4	537	
2	电力线	km	25	1175	
Ⅱ	其他费用			17841.9	
Ⅲ	预备费用			14273.52	
Ⅴ	工程总投资			165929.7	

③利用已有设施价值。

储气库建设中利用的已有设施，账面固定资产净值为0。

④补充垫气费投资。

补充垫气量是指气库设计下限压力对应的气量与建库时气藏剩余气量的差值，按补充气量乘以天然气到库价格计算。根据运行压力确定垫气量为 $18.07 \times 10^8 m^3$，兴古潜山储气库在 2032 年之前已完成垫气，费用进入气驱阶段原油操作成本，本次评价补充垫气投资不予考虑。

⑤剩余储量价值。

本次评价不考虑储气库原气藏剩余天然气可采储量价值。

（2）建设期利息。

本项目建设期利息为 3641.6 万元。

（3）流动资金。

按照扩大指标法计算，兴古 7 潜山储气库流动资金 15581.7 万元。

（4）项目总投资。

X4 区块储气库项目总投资 272110.1 万元。

4.3.1.4 成本费用估算

4.3.1.4.1 气驱阶段成本费用估算

总成本费用包括操作成本、折旧、管理费用、财务费用和营业费用。

（1）操作成本。

根据采油厂财务与经济评价部门提供的数据，按开井数、产液量和注气量等有关开发变量进行成本项目分类及定额测算。

①材料费：按照开井数年 2.39 万元 / 口计算。

②动力费：油井电费按照开井数年 0.43 万元 / 口测算。

③直接人员费用：按照开井数测算，人员人均费用为 20.26 万元 / 年。

④监测费：按照开井数年 3.3 万元 / 口计算。

⑤井下作业费：按照开井数年 10.65 万元 / 口井作业量测算。

⑥维护修理费：包括压缩机维护修理费和其他维护修理费。其中压缩机维护修理费按照年 194.6 万元 / 台计算，其他修理费按照开井数年 6.01 万元 / 口测算。

⑦注气费：包括材料费、燃料费、动力费和自产回注气净化费。

a. 材料费。

秦沈线天然气材料费由天然气成本、管输费、其他材料费费三部分组成：天然气成本费按外购秦沈线天然气 1940 元 /10^3m^3 指标测算；管输费按照 166 元 /10^3m^3 计算；其他材料费按 200 元 /10^3m^3 计算。

X4 区块自产气材料费只需考虑其他材料费，按照 200 元 /10^3m^3 标准计算。

b. 燃料费。

注气阶段采用电驱压缩机，没有天然气消耗。

c. 动力费。

按设计消耗量和价格计算。3 台压缩机平均年消耗电量 $3891×10^4$kW，电费按单价为 0.813 元·kW/h 计算。

d. 自产回注气净化费。

自产回注气净化费按 30.11 元 /10^3m^3 计算。经计算 X4 区块单位注气费为 1.38 元 /m^3。其中秦沈气单位注气费为 2.38 元 /m^3；自产回注气单位注气费为 0.3 元 /m^3。

⑧采气费：包括材料费、燃料费和动力费。

采出气材料费按照 200 元 /10^3m^3 标准计算。

采气阶段水套炉等设施消耗天然气量较小，本次评价不予考虑。

采气阶段压缩机耗电量较小，压缩机耗电量统一并入到注气耗电量中，采气阶段压缩机耗电费不另计算。

⑨油气处理费：油气处理费按照产液量 19.74 元 /t 测算。

⑩运输费：按照产油量 18.63 元 /t 测算。

⑪厂矿管理费：按照开井数年 17.35 万元 / 口计算。

⑫其他直接费：按照开井数年 2.83 万元 / 口计算。

⑬自用天然气成本（被扣除项）：X4 区块注气评价期内自用天然气 $41.03×10^8m^3$，成本为 41.08 亿元。

X4 区块注气开发试验方案评价期（2013—2032 年）内预计发生操作成本 138.72 亿元，平均单位成本 1123.8 元 /t。从操作成本明细比例曲线可看出，注气费占 84.4%，采气费占 3.6%，其他操作成本占 12%。X4 区块注气气源包括自产气和秦沈气，单位注气成本较全程注入秦沈气降低

1元/m³，单位操作成本较全程注入秦沈气（1480元/t）降低356.2元/t。

（2）折旧折耗。

按照《财政部国家税务总局关于开采油（气）资源企业费用和有关固定资产折耗摊销折旧税务处理问题的通知》(财税[2009]49号）和《中国石油天然气集团公司建设项目经济评价参数》规定，折旧采用平均年限法，平均折旧年限为10年。

（3）期间费用。

管理费用包括石油特别收益金、摊销费和其他管理费；石油特别收益金按5级超额累进从价定率的方式缴纳；摊销费不予考虑；其他管理费按照30.75万元/井计提。

营业费用按照销售收入0.5%计提。

财务费用包括流动资金借款利息和长期借款在非建设期的利息支出。长期借款利率6.4%，流动资金借款利率6.0%。

4.3.1.4.2 储气库阶段成本费用估算

储气库总成本费用包括操作成本、折旧、管理费用、财务费用和营业费用。

（1）操作成本估算。

操作成本分为固定性成本、注气及采气费用、损耗三部分。

①固定性成本估算。

固定成本包括人员费用、井下作业费、维护修理费、监测费、厂矿管理费。

a. 人员费用。

人员费用保持兴古潜山注气阶段人工费用水平，为1073.8万元/年。

b. 井下作业费。

按井数和单井费用指标计算，每口注采井年均井下作业费按135万元计算。

c. 测井试井费。

按井数和单井费用指标计算，每口注采井年均测井试井费按25万元计算。

d. 维护修理费。

维护修理费按地面设施投资的 3% 计算。

e. 监测费。

按井数和单井费用指标计算，每口观察井年均监测费按 35 万元计算。

f. 厂矿管理费。

厂矿管理费保持兴古潜山采油阶段水平，为 919.6 万元 / 年。

②注气及采气费用。

注气和采气费用包括材料费、燃料费和动力费。

a. 材料费。

按注（采）气量和单位注（采）气费用指标计算，注气和采气过程材料费按 2000 元 $/10^4 m^3$ 计算。

b. 燃料费。

注气阶段采用电驱压缩机，没有天然气消耗。

采气阶段水套炉等设施消耗天然气量较小，本次评价不予考虑。

c. 动力费。

按设计消耗量和价格计算，本项目注气及采气过程平均年消耗电量 $3891×10^4$kW/h，电价按 0.813 元·kW/h 计算。

③损耗。

损耗按采气量的 5%，气价按 1.1 元 $/m^3$ 计算。

（2）折旧与摊销。

油气资产折旧采用平均年限法，残值率按 0% 计取；根据相关规定，储气库综合折旧年限为 14 年。

摊销包括无形资产和其他资产摊销。前期评价费用、剩余储量价值、补充垫气费、压覆矿产资源补偿费形成其他资产，从投产之日起，按照 30 年分期摊销。该项目摊销为零。

（3）期间费用。

管理费用按照 30.75 万元 / 井计提；营业费用不予计提；财务费用包括流动资金借款利息和长期借款在非建设期的利息支出，长期借款利率 6.4%，流动资金借款利率 6.0%。

（4）成本水平分析。

测算储气库评价期单位操作成本 0.577 元 $/m^3$，单位经营成本 0.581

元/m³，单位总成本费用 0.704 元/m³，与国内其他已建储气库成本对比成本水平较低（y1 储气库单位成本分别为 0.719 元/m³，0.723 元/m³ 和 0.975 元/m³）。

主要原因为：①人员费、厂矿管理费等固定成本按照 X4 区块目前水平预测，X4 区块开发少井多产，储气库人员费用和厂矿管理费用偏低，致使储气库单位操作成本水平偏低；②垫气量投资和老井封堵投资未进入总成本费用，导致储气库单位总成本费用水平偏低。

4.3.1.5 销售收入及税金计算

4.3.1.5.1 注气方案

原油销售价格采用企业规定油价 60 美元/bbl（2850 元/t），商品率 96.9%，天然气价格为 1100 元/10^3m³。

增值税率为 17%，城市维护建设费和教育附加费税率分别为增值税的 7% 和 5%，所得税为利润的 25%。财税部、国家税务总局 [2011]114 号文件规定自 2011 年 11 月 1 日起，原油资源税从价征收，稀油：5%；稠油和高凝油：3%；天然气 5%。本次评价销售收入为不含税收入，销售税金及附加只包括城市维护建设税、教育附加费和资源税。

4.3.1.5.2 储气库方案

储气库模拟单独运营，对供应每立方米调峰天然气向储气库使用方收取储转费，用于回收投资、支付成本并获得一定的投资回报。储转费按项目获得一定效益目标进行反算，储气库营业收入等于年供应调峰气量乘以储转费。

营业税按气库储转费收入的 3% 计算；城市维护建设税按营业税的 7% 计算；教育费附加按营业税 5% 计算；所得税按 25% 计算；评价期为 20 年。

4.3.1.6 盈利能力评价

4.3.1.6.1 注气方案效益评价

X4 区块注气方案评价期内（2013—2032 年）按照股份公司规定价格（60 美元/bbl），经济评价指标达到企业规定标准，内部收益率 22.9%，财务净现值 191257.1 万元，投资回收期 4.7 年（表 4-8），评价期可实现净利润 82.8 亿元。

表 4-8　X4 区块注气开发方案效益汇总表

序号	项目	注气开发
1	评价期（a）	20
2	产量（10^4t）	894
3	人民币价（元）	2850
4	平均操作成本（元/t）	1123.8
5	财务净现值（亿元）	19.13
6	内部收益率（%）	22.9
7	静态投资回收期（a）	4.7

4.3.1.6.2　储气库项目效益评价

储气库评价期 20 年。

当内部收益率为 12% 时，反算储转费为 1.006 元/m^3。与国内其他已建储气库（y1 储气库）的储转费 1.683 元/m^3 相比，低 0.677 元/m^3。如果将储气库垫气量 18.07×10^8m^3 的投资和老井封堵投资共计 25.41 亿元（其中垫气投资 24.94 亿元，老井封堵投资 4697 万元）计入 X4 储气库建设投资中，当内部收益率为 12% 时，反算储转费为 2.022 元/m^3，较 X5 储转费高 0.34 元/m^3。

4.3.1.7　抗风险能力评价

X4 区块注气方案具有较强的抗风险能力，在油价和产量降低 20%、成本和投资增加 20% 时经济评价指标能达到规定标准（表 4-9）。方案的极限油价为 44.3 美元/bbl（2105 元/t）。评价期平均单井极限累计产量 12.86×10^4t，较方案设计的平均单井累计产量 16.87×10^4t 低 4.01×10^4t。

表 4-9　X4 区块注气方案敏感性分析表

变化率	内部收益率（%）				财务净现值（万元）			
	投资	成本	产量	价格	投资	成本	产量	价格
−20%	25.7	26.7	14.9	14.7	221613.1	265239.5	48733.4	46140.3
−10%	24.3	24.8	19	18.9	206435.1	228248.3	119995.2	118698.7
0	22.9	22.9	22.9	22.9	191257.1	191257.1	191257.1	191257.1
10%	21.7	21.0	26.9	26.9	176079.1	154265.9	262519.0	263815.5
20%	20.6	19.0	30.8	30.9	160901.1	117274.7	333780.8	336374.0

4.3.1.8 评价结论

（1）X4 区块注气方案 2013—2032 年预计投资 37.69 亿元，其中新增建设投资 16.7 亿元，利用老井资产净值 18.71 亿元，建设期利息 0.24 亿元，流动资金 2.04 亿元。

（2）X4 区块注气方案 2013—2032 年预计发生操作成本 138.72 亿元，平均操作成本 1123.8 元/t，其中注气成本 948.7 元/t。

（3）X4 区块注气方案评价期内（2013—2032 年）预计生产原油 894×10^4t，经济指标达到股份公司企业规定标准：内部收益率 22.9%，财务净现值 19.13 亿元，投资回收期 4.7 年。

（4）X4 区块气驱过程中，累计调峰量为 $24.66\times10^8\text{m}^3$，既能保证地区的用气平稳，也能使地区天然气市场需求和天然气利用得到快速的发展。同时调峰增加销售收入 25.76 亿元，使得 X4 区块气驱方案经济效益大幅提升。

（5）在 60 美元/桶油价下，X4 区块注气方案具有较强抗风险能力，在油价和产量降低 20%，投资和成本增加 20% 时，经济评价指标仍然能达到企业规定标准。X4 区块注气方案的极限油价为 44.3 美元/bbl（2105 元/t）。评价期平均单井极限累计产量 12.86×10^4t，较方案设计的平均单井累计产量 16.87×10^4t 低 4.01×10^4t。

（6）储气库项目总投资 27.21 万元，其中：建设投资 25.29 亿元，建设期利息 3641.6 万元，流动资金 15581.7 万元。

（7）测算储气库评价期单位操作成本 0.577 元/m^3，单位经营成本 0.581 元/m^3，单位总成本费用 0.704 元/m^3，与国内其他已建储气库成本对比成本水平较低。

（8）当内部收益率为 12% 时，反算储转费为 1.006 元/m^3。比国内其他已建 y1 储气库低 0.677 元/m^3。如果考虑垫气投资 24.94 亿元，老井封堵投资 4697 万元），当内部收益率为 12% 时，反算储转费为 2.022 元/m^3，较 y1 储转费高 0.34 元/m^3。

4.3.2 提高采收率项目经济评价

提高采收率项目是指通过转换开发方式，达到改善老油田开发效果，提高采收率目的的项目。X5区块蒸汽驱项目是中国石油2005年十个重大开发试验项目之一，其经济评价在项目立项论证中发挥了决策参谋作用。

4.3.2.1 项目概况

2006年，X5区块进入蒸汽驱开发工业化实施阶段，2006年12月转驱33个井组、2007年2月转驱11个井组、2007年3月转驱21个井组、2007年12月转驱42个井组，2008年2—3月转驱32个井组。至此，X5区块整体方案设计转驱井组150个已全面转驱。

4.3.2.2 项目可行性评价

4.3.2.2.1 盈利能力评价

（1）项目经济寿命期测算。

按照《中国石油天然气集团公司投资项目经济评价参数》规定，评价期价格采用阶梯式（2016年40美元/bbl，2017—2018年50美元/bbl，2019—2010年60美元/bbl，2021年及以后70美元/bbl），X5区块蒸汽驱项目70美元/bbl条件下极限操作成本计算如下：

$$g = p - d - e - f \tag{4-11}$$

式中　p——原油销售价格（元/t），2956元/t；

　　　d——原油资源税（元/t），106.4元/t；

　　　e——城建、教育附加税金（元/t），60.3元/t；

　　　f——销售及管理费（元/t），458.2元/t。

70美元/bbl油价下极限操作成本为2334.1元/t。经济废弃年限为2026年（油藏工程开发寿命年限为2030年），经济寿命期21年（2006—2026年）。

（2）项目增量效益

X5区块蒸汽驱项目经济寿命期内（2006—2025年）累计增加原油814.4×10⁴t（扣除继续吞吐产量，见表4-10）。2006—2015原油价格为油田实际销售价格、2016年后采用企业规定的40~70美元/bbl阶梯价格（表4-11），项目在评价期内可实现增量内部收益率17.2%，增量财务净现值71552万元，增量投资回收期6.3年。

表 4-10　X5 区块继续吞吐开发数据预测

序号	项目名称	年份									
		2006	2007	2008	2009	2010	2011	2012	2013	2014	2015
1	生产油井数（口）	571	542	514	485	457	428	400	388	371	337
2	生产注汽井数（口）										
3	年产液量（$10^4 m^3$）	142	92	79	67	57	49	41	35	30	26
4	年产油量（$10^4 t$）	36	31	26	22	19	16	14	12	10	9
5	年注汽量（$10^4 m^3$）	106	95	87	80	73	67	61	56	51	47

表 4-11　X5 区块原油价格表

年份	2006	2007	2008	2009	2010	2011	2012	2013	2014	2015
价格（元/t）	2409	2284	2685	2102	2959	3919	3651	3441	3275	1838
年份	2016	2017	2018	2019	2020	2021	2022	2023	2024	2025
价格（元/t）	1705	2144	2144	2583	2583	2956	2956	2956	2956	2956

（3）项目附加效益。

①增储效益。

X5 区块蒸汽驱项目 2006—2015 年累计增加原油 $374.4 \times 10^4 t$（扣除继续吞吐产量），按照辽河油田"十一五"以来平均发现成本 257.1 元/t，节约勘探费用 96243 万元，新增储量效益贡献率 5.3%。

②业务协同效益。

X5 区块蒸汽驱项目 2006—2015 年累计投资 17.87 亿元，其中钻井投资 10.56 亿元，按照中国石油钻井边际利润率 10% 计算，拉动钻探公司、工程技术服务公司等相关业务增加利润 10560 万元，业务协同效益贡献率 1.2%。

③节约产能建设投资效益。

X5 区块蒸汽驱共钻井 376 口，如果采用蒸汽吞吐方式继续生产，376 口井全部按采油井评价，预测生产原油 $144.0×10^4$t；转驱前，原有老井已累计产油 $194.4×10^4$t，合计继续蒸汽吞吐生产将累计产油 $338.4×10^4$t。而转入蒸汽转驱生产后预测累计产油 $568.9×10^4$t，二者相差 $230.5×10^4$t，需要新建 $58.8×10^4$t 产能。

按照辽河油田 2006—2015 年稠油区块百万吨产能建设投资平均水平测算，需要新增产能建设投资 23.42 亿元，扣除 X5 区块蒸汽驱投资 17.87 亿元，项目节约产能建设投资 5.56 亿元，节约产能建设投资效益贡献率 1.5%。

X5 区块蒸汽驱项目增量效益和附加效益如图 4-2 所示。

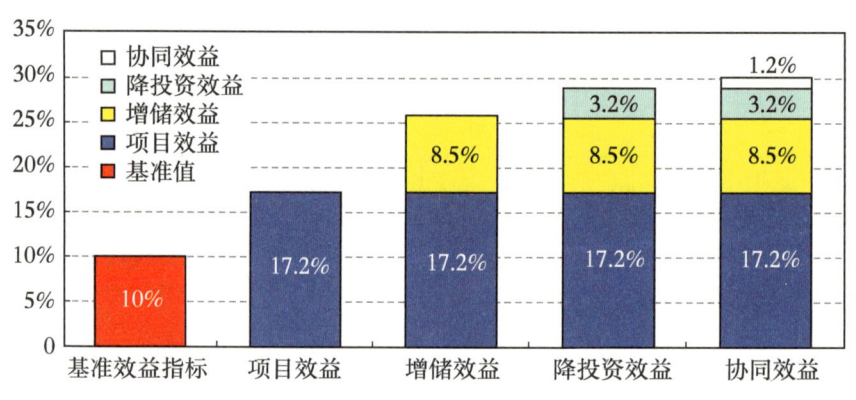

图 4-2　X5 区块蒸汽驱项目经济效益构成图

（4）社会责任效益。

X5 区块蒸汽驱项目 2006—2015 年累计向国家和地方缴纳各种税费 10.25 亿元，其中营业税金及附加 4.55 亿元，所得税 5.70 亿元。

针对蒸汽驱生产现场硫化氢气体超标的状况，y 市道泊尔公司专门成立攻关团队，利用处理硫化氢气体产生的副产品（天然气，二氧化碳）增加收入 4982 万元，同时增加地方 50 人就业。

4.3.2.2.2　抗风险能力评价

选择销售价格、增产油量、建设投资、经营成本四个敏感性因素，计算对项目财务内部收益率指标的敏感性影响。从表 4-12 和图 4-3 中可以看出，项目的抗风险能力较强。对项目效益指标的影响程度自高至低依次分别是销售价格、增产油量、经营成本和建设投资。

表 4-12　X5 区块蒸汽驱项目敏感性因素分析表

序号	不确定性因素	-20%	-10%	基本方案	10%	20%
1	销售价格	4.74%	11.47%	17.17%	21.32%	25.55%
2	增产油量	7.85%	12.60%	17.17%	20.45%	23.87%
3	建设投资	20.80%	18.63%	17.17%	15.24%	13.91%
4	经营成本	24.27%	20.55%	17.17%	12.95%	8.86%

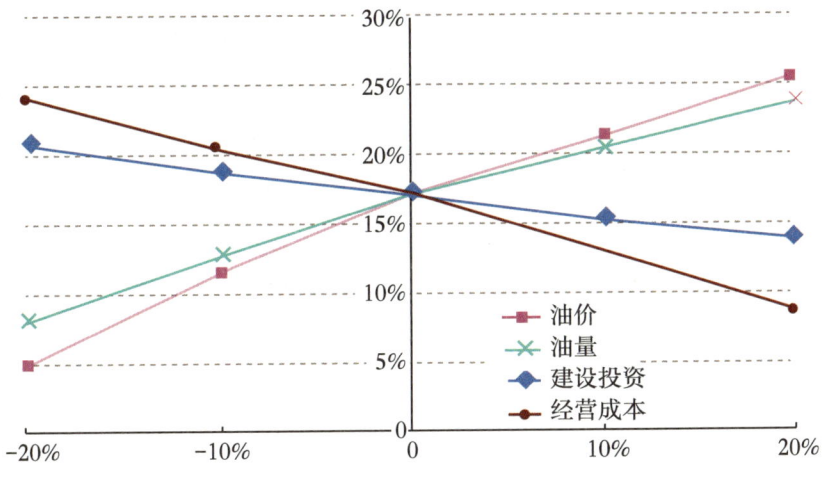

图 4-3　X5 区块蒸汽驱项目敏感性分析图

4.3.2.3　实施过程跟踪评价

4.3.2.3.1　项目竣工后评价

X5 区块蒸汽驱项目 2006 年 12 月—2008 年 3 月整体方案设计转驱井组 150 个已全面转驱，2009 年 12 月油田配合中国石油完成了 X5 区块蒸汽驱开发试验项目独立后评价。

（1）投资对比评价。

2006—2008 年 X5 区块蒸汽驱项目实际完成投资 14.58 亿元，竣工决算投资 13.49 亿元，与中国石油下达计划相比，超投资 1.66 亿元；根据方案部署，2009 年将继续完善采油井网、老井大修、解决污水深度处理及安全隐患等工程，预计后续增加投资 5.53 亿元，项目总投资 20.10 亿元。

X5 区块蒸汽驱项目与开发方案相比,实际完成投资(20.10 亿元)控制在估算范围(20.61 亿元)之内,投资管控效果较好。

(2)成本对比评价。

评价时点前,共发生操作成本 15.7 亿元,平均单位操作成本 1167 元/t;评价时点后,按影响成本的因子测算,将发生操作成本 82.4 亿元,平均单位操作成本 933 元/t;项目在评价期内平均单位操作成本 963.2 元/t。与方案设计(951.8 元/t)相比,高 11.4 元/t,造成操作成本上升的主要原因是商品率低于方案设计值。

(3)盈利能力对比评价。

项目的增量效益指标达到行业标准,在企业规定油价 40 美元/bbl 条件下,内部收益率 10.5%,仍然高于行业基准值(10%),财务净现值 6272 万元,投资回收期为 9.5 年。由于商品率较方案设计降低了 6.6 个百分点,项目实际盈利能力与方案设计有一定差异(表 4-13)。

表 4-13 X5 区块蒸汽驱效益对比情况表

序号	技术经济指标	方案设计	竣工后评价
1	转驱地质储量(10^4t)	3774	3774
2	新动用可采储量(10^4t)	1120.9	1123.8
3	油汽比	0.18	0.18
4	最终采收率(%)	60.1	60.1
5	总投资(亿元)	20.6136	20.1036
6	开发成本(元/t)	183.9	179
7	操作成本(元/t)	951.8	963.2
8	增量内部收益率(%)	13.5	10.5
9	增量财务净现值(亿元)	3.876	0.6272
10	增量投资回收期(a)	8.4	9.5

(4)效益等级评价。

以投资控制、成本控制和效益状况为要素,X5 区块蒸汽驱项目效益综合分数 8.4 分(表 4-14),效益等级评价为中等。

表 4-14　X5 区块蒸汽驱项目经济效益等级评价表

指标	要素权重	要素评分	要素得分	指标评分
投资控制	0.2	9	1.8	8.4
成本控制	0.3	7	2.1	
内部收益率	0.5	9	4.5	

（5）评价结论。

X5 区块蒸汽驱项目在 40 美元 /bbl 油价下，增量效益指标达到行业标准，增量财务内部收益率 10.5%，增量财务净现值 6272 万元，增量投资回收期 9.5 年；效益等级为中等，效益综合分数 8.4 分。

后评价结论认为：X5 区块蒸汽驱项目的成功具有双重意义：一是区块采收率提高 29.8%，可增加原油产量 $1124×10^4$t，增强了油田稳产基础。油田目前尚有 $2.8×10^8$t 类似储量可通过蒸汽驱开发提高采收率，预计将产生 4.6533 亿元的增量效益。二是目前油价远高于方案论证时的油价，预期投资收益将更大。

4.3.2.3.2　运营期跟踪评价

（1）成本对比评价。

2006—2015 年 X5 区块蒸汽驱项目平均操作成本 1151 元 /t，较方案设计水平高 35.5 元 /t（表 4-15）。

表 4-15　X5 区块蒸汽驱操作成本对比表　　单位：元 /t

年份	方案设计	实际完成	差值
2006	794.4	871.9	77.5
2007	895.3	1390.7	495.4
2008	949.0	1258.4	309.4
2009	1005.9	1052.2	46.3
2010	1162.3	1165.2	2.9
2011	1266.4	1159.6	-106.8
2012	1378.2	1163.7	-214.6
2013	1540.5	1168.5	-372.0
2014	1705.3	1324.8	-380.5
2015	1819.3	1356.8	-462.5
平均	1109.8	1145.3	35.5

（2）效益对比评价。

2006—2015 年 X5 区块蒸汽驱项目贡献税前净现金流量 20.38 亿元，较方案设计水平高 12.28 亿元，主要原因为实际油价远高于方案设计水平（表 4-16）。因油价上升，2006—2015 年实现销售收入较方案增加 24.72 亿元。

表 4-16 X5 区块蒸汽驱油价对比表　　　　单位：元/t

年份	方案使用油价	实际销售油价
2006	2409	2409
2007	2284	2284
2008	2796	2685
2009	1660	2102
2010	1660	2959
2011	1660	3919
2012	1660	3651
2013	1660	3441
2014	1660	3275
2015	1660	1838

（3）年度红线指标计算。

①开发指标红线。

根据不同年份的配产指标和成本费用预测，分别计算相应年度的经济极限油汽比。

以 2015 年为例，年度极限注汽量和极限油汽比的计算公式为

$$Q_g = (p - d - e - f - c) \times Q_x \div R_o$$
$$OSR = Q_o \div Q \qquad (4\text{-}12)$$

式中　p——原油销售价格为 1838 元/t；

　　　d——原油资源税为 66.2 元/t；

　　　e——城建、教育附加为 37.5 元/t；

　　　f——销售及管理费为 305.4 元/t；

　　　C——扣除热采费后操作成本为 805.4 元/t；

　　　Q_x——区块日注汽量为 9685t/d；

　　　R_o——吨油热采费为 551.4 元/t；

　　　Q_o——区块日产油为 1326t/d。

根据公式可求出区块 2015 年极限日注汽量 Q_g 为 10951t，年度极限油汽比 OSR 为 0.12。X5 区块蒸汽驱项目 2015 年实际油汽比 0.14，高于红线指标，项目为经济运行。

②成本指标红线。

根据公式 $g=p-d-e-f$ 计算，2015 年 X5 区块蒸汽驱项目极限操作成本为 1428.9 元/t，而当年实际操作成本为 1356.8 元/t，低于红线指标，项目为经济运行。

③效益指标红线。

截至 2015 年年底，X5 区块蒸汽驱项目累计利润 1.73 亿元，累计投资 17.87 亿元，平均投资收益率 9.71%，高于基准投资收益率（6%），项目为经济运行。

4.3.3 页岩气项目经济评价

页岩气指从页岩层中开采出来的天然气，是一种非常规天然气资源。与常规天然气相比，页岩气开发具有开采寿命长和生产周期长等优点，能够长期地以稳定的速率产气，开发潜力巨大[21]。但总体而言，我国页岩气开发目前仍处于起步阶段，引进先进技术、降低开发成本，是页岩气有效开发的必经之路。

黄家寨页岩气开发项目是国内某石油公司 2016 年重大产能建设项目，经济评价指标在开发方案编制和项目投资决策中发挥了重要的导向作用[22]。

4.3.3.1 项目概况

黄家寨页岩气藏埋深 2000~3000m，页岩储层具有沉积厚度大、底部优质页岩段全区稳定分布的特点；储层岩性主要为黑色页岩、碳质页岩、硅质页岩，储集空间类型主要有孔隙和裂缝两种，其中以基质孔隙为主，平均孔隙度 4.7%；页岩段有机质丰度高（3.1%~3.7%）、热演化程度高（Ro2%~3.5%）、含气性好（3~5m³/t）；烃类以甲烷为主（含量大于 95%），为高温高压干气页岩气藏。

遵循工厂化作业模式，方案设计：动用面积 323km²，地质储量 $1226×10^8 m^3$；采用分簇分级体积压裂技术，大液量、大排量、低砂比、段塞式滑溜水、套管泵入的方式；钻井平台66个，总井数401口，建产规模$20\times10^8m^3$，单井初期日产$8\times10^4m^3$，累计产气$394\times10^8m^3$，采收率32.2%。

4.3.3.2 投资估算

根据《黄家寨页岩气开发方案》进行总投资估算，包括建设期投资、勘探评价期投资、运营期投资估算三部分。

4.3.3.2.1 建设期投资

建设期投资包括基本建设投资、建设期利息和流动资金，根据《黄家寨页岩气开发方案》进行估算。

（1）基本建设投资。

基本建设投资包括钻井工程和地面工程投资。

①钻井工程投资。

结合黄家寨相邻地区的平均井深投资水平，估算第一年钻井投资（包括土地费用、钻前工程、钻井工程、测井工程、压裂酸化等投资）5000万元/井，考虑到后期钻探工程技术进步和国产化率提高，每两年钻井成本减少200万元，单井投资降低至4500万元后停止下调。由此估算建设期内（2016—2019年）钻井工程投资59.22亿元，其中121口新井投资58.72亿元。

②地面工程投资。

地面工程投资采用工程量法估算，根据方案设计的材料、设备及工程量，按照相关价格、指标、定额对建设投资进行估算。

方案设计地面建设工程从2016—2028年分13年进行，估算工程总投资17.93亿元，其中建设期为2016—2019年，估算投资10.15亿元。

（2）建设期利息。

按石油公司投资项目管理规定，黄家寨页岩气开发项目新增建设投资自筹资金比例为55%，贷款比例为45%，贷款利率4.75%，由此计算项目建设期利息4.09×10^8元。

（3）流动资金。

流动资金按扩大指标估算法计算，为1.09亿元。

（4）建设期总投资。

综上，黄家寨页岩气开发项目建设期总投资为 74.54 亿元。

4.3.3.2.2 勘探评价期投资

为提高黄家寨建产区气层控制程度，方案设计 2016—2018 年部署评价井 7 口（直井 4 口、水平井 3 口）、三维地震采集 437km^2。

结合黄家寨相邻地区平均勘探水平，平均单井投资按直井 3500 万元、水平井 5500 万元测算，三维地震采集按 40 万元 /km^2 测算，估算项目勘探评价投资 4.80 亿元。

4.3.3.2.3 运营期投资

《黄家寨页岩气开发方案》设计项目开发运营期从 2020—2028 年，新钻井 250 口，估算总投资 120.34 亿元。其中钻井工程投资 112.56 亿元，地面工程投资 7.78 亿元。

4.3.3.2.4 项目总投资

综上所述，《黄家寨页岩气开发方案》项目总投资为 199.68 亿元。

4.3.3.3 财务评价

4.3.3.3.1 成本费用测算

（1）操作成本。

根据黄家寨邻区开发井实际成本发生情况，按开井数、产气量等相关变量进行成本定额分类测算。其中：按开井数测算，材料费每年 2.96 万元 / 口，动力费每年 13.098 万元 / 口，直接人员费每年 6.66 万元 / 口，监测费每年 4.44 万元 / 口，井下作业费每年 14.8 万元 / 口，维护修理费每年 14.43 万元 / 口，其他直接费每年 22 万元 / 口，厂矿管理费每年 1.31 万元 / 口；按产气量测算，天然气处理费 0.03 元 /m^3，运输费 0.03 元 /m^3。

通过以上定额测算，黄家寨页岩气开发项目评价期内平均单位操作成本 0.29 元 /m^3，完全成本 0.89 元 /m^3。

（2）折旧折耗。

折旧折耗采用平均年限法，折旧年限为 10 年。

（3）期间费用。

管理费用按 5 元 /10^{3}m^3 计提；营业费用按企业实际运营模式不予计提；勘探费用取勘探投资中予以费用化的部分；财务费用中长期借款利率 4.75%，流动资金借款利率 4.35%。

4.3.3.3.2 气价及税金

天然气价格取值 1188 元 $/10^3m^3$，同时测算 1310 元 $/10^3m^3$ 的内部收益率；考虑页岩气补贴政策，2016—2018 年为 0.3 元 $/m^3$，2019—2020 年为 0.2 元 $/m^3$，2020 年以后不考虑补贴；商品率取值 99.6%。

税金包括增值税、城市维护建设费、教育附加费、资源税和所得税。增值税率为 13%；城市维护建设费和教育附加费税率分别为增值税的 7% 和 5%；资源税为销售收入 3.6%；所得税根据《西部地区鼓励类产业目录》，2020 年前按照应纳税所得额的 15% 进行征收，2021 年以后按照 25% 进行征收。

4.3.3.3.3 盈利能力评价

按照折现现金流量法计算，黄家寨页岩气开发项目评价期内项目实现内部收益率 8.03%，财务净现值 1.35 亿元，投资回收期 15.31 年；按天然气价格 1310 元 $/10^3m^3$，商品率 99.6% 计算，可实现内部收益率 10.64%，财务净现值 15.20 亿元，投资回收期 13.59 年。

4.3.3.3.4 抗风险能力评价

在产量或价格降低 5%、投资和操作成本增加 5% 时，经济评价指标无法达到行业规定标准，抗风险能力较弱（表 4-17）。

表 4-17 方案敏感性分析表

变化率	内部收益率（%）			
	投资	操作成本	产量	价格
-20%	14.69	9.41	3.29	2.23
-15%	12.72	9.08	4.55	3.76
-10%	10.98	8.73	5.71	5.29
-5%	9.42	8.38	6.87	6.68
0	8.03	8.03	8.03	8.03
5%	6.77	7.67	9.19	9.34
10%	5.63	7.30	10.37	10.62
15%	4.59	6.93	11.56	11.91
20%	3.62	6.54	12.76	13.18

5 生产项目经济评价方法与实例

生产项目是指在油气开发生产过程中开展的投入产出分析项目，包括已开发油田的单井效益评价、区块效益评价、油井增产措施效益评价。

5.1 单井（区块）效益评价

自2004年以来，中国石油全面开展单井效益评价，先后出台了《油气田效益评价标准》和《已开发油气田效益评价细则》，促进了油藏管理方式的变革，单井效益评价在油气田生产经营中，尤其是在展示油田生产经营状况、高成本井监控与治理、油井措施风险决策、产量成本优化配置等方面发挥了巨大的作用。在低油价的新常态下，单井效益评价已经全面融入油气田企业的开源节流与降本增效之中，并成为生产井管理的重要组成部分。

5.1.1 单井效益评价原则

单井效益评价遵循以下原则：

（1）以单井效益评价为基础，区块效益评价与单井效益评价相结合；

（2）评价期内累计开井时间、产液量、产气量、操作成本大于零的油气生产井均参与评价；

（3）油气井的成本，能落实到单井直接计入单井，不能落实到单井的按 5.1.2 中分摊办法计入单井。

5.1.2 效益评价成本分摊办法

在单井效益评价中，对于不能落实到单井的成本科目，可采取分摊的办法计入单井，包括如下费用。

（1）采出作业费。

采出作业费包括材料费、燃料费、动力费、人员费和其他费用。

①材料费，按其所属油（气）井开井时间分摊到单井，计算公式为

$$材料费 = 油（气）井直接费用 + \sum \frac{分摊费用}{所属油（气）井总开井时间} \times 油（气）井开井时间 \quad (5-1)$$

式中，$\sum$ 指班组、队、厂、矿等各级单位分摊费用的逐级累加，费用分摊到各级单位所属的油（气）井上。

②燃料费，按其所属油（气）井开井时间分摊到单井，计算公式为

$$燃料费 = 油（气）井直接费用 + \sum \frac{分摊费用}{所属油（气）井总开井时间} \times 油（气）井开井时间 \quad (5-2)$$

③动力费，按其所属油（气）井产液量分摊到单井，计算公式为

$$动力费 = 油（气）井直接费用 + \sum \frac{分摊费用}{所属油（气）井总产液量} \times 油（气）井产液量 \quad (5-3)$$

④人员费，按其所属油（气）井开井时间分摊到单井，计算公式为

$$人员费 = 油（气）井直接费用 + \sum \frac{分摊费用}{所属油（气）井开井时间} \times 油（气）井开井时间 \quad (5-4)$$

⑤其他直接费。按其所属油（气）井开井时间分摊到单井，计算公式为

$$其他费用 = 油（气）井直接费用 + \sum \frac{分摊费用}{所属油（气）井总开井时间} \times 油（气）井开井时间 \quad (5-5)$$

(2)驱油物注入费。

按产液量分摊到区块受效油井,计算公式为

$$\text{驱油物注入费} = \frac{\text{驱油物注入费}}{\text{区块受效油井总产液量}} \times \text{受效油井产液量} \quad (5\text{-}6)$$

(3)稠油热采费。

稠油蒸汽吞吐开发井热采费,按注汽量和吨注汽费计算,计算公式为

$$\text{单井吞吐热采费} = \text{单井吞吐注汽量} \times \text{吨注汽费} \quad (5\text{-}7)$$

蒸汽驱开发井热采费,按产液量分摊到受效稠油井,计算公式为

$$\text{单井汽驱热采费} = \frac{\text{区块汽驱注汽费}}{\text{区块汽驱受效井产液量}} \times \text{汽驱受效井单井产液量} \quad (5\text{-}8)$$

(4)油气处理费。

按年产液(气)量分摊到单井,计算公式为

$$\text{油气处理费} = \frac{\text{油气处理费}}{\text{总产液(气)量}} \text{油井产液(气)量} \quad (5\text{-}9)$$

(5)轻烃回收费。

按年产油(气)量分摊到单井,计算公式为

$$\text{轻烃回收费} = \frac{\text{轻烃回收费}}{\text{总产油(气)量}} \times \text{油井产油(气)量} \quad (5\text{-}10)$$

(6)注水(汽)井井下作业费。

按产液(气)量分摊到区块受效油(气)井,计算公式为

$$\text{井下作业费} = \text{油(气)井实际费用} + \frac{\text{注水(汽)井实际费用}}{\text{区块受效油(气)井总产液(气)量}} \times \text{受效油(气)井产液(气)量} \quad (5\text{-}11)$$

(7)注水(汽)井测井试井费。

按产液(气)量分摊到区块受效油(气)井;各级单位所需分摊的其他测试费,按其所属油(气)井开井时间分摊到单井,计算公式为

$$测井试井费 = 油(气)井实际费用 + \frac{注水(汽)井实际费用}{区块受效油(气)井产液(气)量} \times$$

$$受效油(气)井产液(气)量 + \sum \frac{分摊费用}{所属油(气)井年总开井时间} \times$$

$$油(气)井年开井时间 \tag{5-12}$$

（8）天然气净化费。

按年产气量分摊到单井，计算公式为

$$天然气净化费 = \frac{天然气净化费}{总产气量} \times 油(气)井产气量 \tag{5-13}$$

（9）维护与修理费。

按其所属油（气）井开井时间分摊到单井，计算公式为

$$维护与修理费 = 油(气)井直接费用 + \sum \frac{分摊费用}{所属油(气)井年开井时间} \times$$

$$油(气)井开井时间 \tag{5-14}$$

（10）运输费。

按其所属油（气）井开井时间、拉油费按产液量分摊到单井，计算公式为

$$运输费 = 油(气)井直接费用 + \sum \frac{分摊费用}{所属油(气)井总开井时间} \times$$

$$油(气)井年开井时间 + \frac{拉油费}{总产液量} \times 单井产液量 \tag{5-15}$$

（11）厂矿管理费。

按其所属油（气）井开井时间分摊到单井，计算公式为

$$厂矿管理费 = \sum \frac{分摊费用}{所属油(气)井年总开井时间} \times 油(气)井年开井时间 \tag{5-16}$$

（12）注水（汽）井折旧折耗。

按产液（气）量分摊到本区块受效油（气）井；各级单位所需分摊的折旧折耗按其所属油（气）井产量分摊到单井，计算公式为

$$折旧折耗 = 油(气)井折旧折耗 + \frac{注水(汽)井折旧折耗}{区块受效油(气)井产液(气)量} \times$$
$$受效油(气)井产液(气)量 + \sum \frac{分摊折旧折耗}{所属油(气)井总产量} \times$$
$$油(气)井产量 \tag{5-17}$$

5.1.3 单井效益分类标准

在现行油气井生产管理中，按照投入产出的关系，将其分为五类：

效益一类井：评价期内油气井的油气及伴生产品的收入大于该井的完全成本。

效益二类井：评价期内油气井的油气及伴生产品的收入小于或等于该井的完全成本，且大于该井的生产成本和税费之和。

效益三类井：评价期内油气井的油气及伴生产品的税后收入小于或等于该井的生产成本，且大于该井的操作成本。

边际效益井：评价期内油气井的油气及伴生产品的税后收入小于或等于该井的操作成本，且大于该井的最低运行费用。

无效益井：评价期内油气井的油气及伴生气的税后收入小于或等于该井的最低运行费用。

其中，完全成本是指总成本费用、税费和其他费用之和；最低运行费用是指直接发生在油气井上的材料费、燃料费、动力费、人员费、井下作业费（仅指维护性井下作业费）、油气处理费、天然气净化费、驱油物注入费、运输费（仅指拉油费）、稠油热采费[23]。

5.1.4 单井效益评价计算方法

5.1.4.1 效益一类井

效益一类井计算公式为

$$Q_w \times I \times P + B_w > C_{cw} \tag{5-18}$$

式中 Q_w ——单井油（气）产量，$10^4 t$、$10^8 m^3$；

I ——商品率，%；

P —— 油（气）价格，元/t 或元/10^3m^3；

B_w —— 单井伴生产品收入，10^4 元；

C_cw —— 单井完全成本，万元。

5.1.4.2 效益二类井

效益二类井计算公式为

$$C_\text{pw}+Q_\text{w}\times I\times R < Q_\text{w}\times I\times P+B_\text{w} \leqslant C_\text{cw} \quad (5\text{-}19)$$

式中　C_pw —— 单井生产成本，10^4 元；

R —— 单位税金，元/t 或元/10^3m^3。

5.1.4.3 效益三类井

效益三类井计算公式为

$$C_\text{ow} < Q_\text{w}\times I\times(P-R)+B_\text{w} \leqslant C_\text{pw} \quad (5\text{-}20)$$

式中　C_ow —— 单井操作成本，万元。

5.1.4.4 边际效益井

边际效益井计算公式为

$$C_\text{min} < Q_\text{w}\times I\times(P-R)+B_\text{w} \leqslant C_\text{ow} \quad (5\text{-}21)$$

式中　C_min —— 单井最低运行费用，万元。

5.1.4.5 无效益井

无效益井计算公式为

$$Q_\text{w}\times I\times(P-R)+B_\text{w} \leqslant C_\text{min} \quad (5\text{-}22)$$

5.1.5　区块效益分类标准

按照投入产出的关系，将开发区块按效益分为四类：

效益一类区块：评价期内油气及伴生产品的收入大于该区块的完全成本。

效益二类区块：评价期内油气及伴生产品的收入小于或等于该区块的完全成本，且大于生产成本。

效益三类区块：评价期内油气及伴生产品的税后收入小于或等于该区块的生产成本，且大于操作成本。

无效益类区块：评价期内油气及伴生产品的税后收入小于或等于该

区块的操作成本。

5.1.6 区块效益评价计算方法

5.1.6.1 效益一类区块

效益一类区块计算公式为

$$Q \times I \times P + B > C_c \tag{5-23}$$

式中 Q——区块油（气）产量，10^4t、10^8m^3；

B——区块伴生产品收入，10^4元；

C_c——区块完全成本，万元。

5.1.6.2 效益二类区块

效益二类区块计算公式为

$$C_p + Q \times I \times R < Q \times I \times P + B \leqslant C_c \tag{5-24}$$

式中 C_p——评价单元生产成本，万元。

5.1.6.3 效益三类区块

效益三类区块计算公式为

$$C_o < Q \times I \times (P-R) + B \leqslant C_p \tag{5-25}$$

式中 C_o——评价单元操作成本，万元。

5.1.6.4 无效益类区块

无效益类区块计算公式为

$$Q \times I \times (P-R) + B \leqslant C_o \tag{5-26}$$

5.1.7 效益评价实例分析

A油田是个千万吨级大油田，依据企业2019年度财务决算报告，评价参数取值为：原油价格2937元/t，税金195元/t，期间费用278元/t，地质勘探费用77元/t。

5.1.7.1 单井效益评价

A油田共有油井16334口，年产油941.19×10^{4}t。通过单井效益评价，油井的效益类别清晰可见（表5-1）。

其中：效益一类油井5071口（占总井数31.05%），产量677.63×10^{4}t

（占总产量 72%），单位操作成本 19.76 美元 /bbl；效益二类油井 844 口（占 5.17%），产量 49.44×10⁴t（占 5.25%），单位操作成本 42.18 美元 /bbl；效益三类油井 3188 口（占 19.52%），产量 103.72×10⁴t（占 11.02%），单位操作成本 48.91 美元 /bbl；边际效益井 3942 口（占 24.13%），产量 84.17×10⁴t（占 8.94%），单位操作成本 96.03 美元 /bbl；无效益类油井 3289 口（占 20.14%），产量 26.23×10⁴t（占 2.79%），单位操作成本 203.92 美元 /bbl。

表 5-1　A 油田 2019 年单井效益评价结果表

类别	井数		年产油		操作成本	
	口	比例（%）	×10⁴t	比例（%）	元/吨	美元(bbl)
效益一类井	5071	31.05	677.63	72.00	868.54	19.76
效益二类井	844	5.17	49.44	5.25	1854.18	42.18
效益三类井	3188	19.52	103.72	11.02	2149.73	48.91
边际效益井	3942	24.13	84.17	8.94	4221.11	96.03
无效益井	3289	20.14	26.23	2.79	8963.45	203.92
合　计	16334	100	941.19	100	1581.95	34.71

评价结果显示：A 油田用 43% 的有效井，产出 80% 的效益产量，边际效益井和无效井成为降本增效的管控重点。

5.1.7.2 区块效益评价

A 油田共开发区块 126 个，效益评价显示：效益一类区块 47 个，占 37.3%，产量 528.2×10⁴t，占 56.12%，平均操作成本 26.22 美元 /bbl；效益二类区块 18 个，占 14.29%，产量 217.26×10⁴t，占 23.08%，平均操作成本 44.25 美元 /bbl；效益三类区块 44 个，占 34.92%，产量 153.19×10⁴t，占 16.28%，平均操作成本 48.38 美元 /bbl；无效益类区块 17 个，占 13.49%，产量 42.53×10⁴t，占 4.52%，平均操作成本 74.85 美元 /bbl（表 5-2）。

表 5-2　A 油田 2019 年区块效益评价结果表

效益类别	区块		年产油		操作成本	
	个	比例（%）	×10⁴t	比例（%）	元（t）	美元（bbl）
效益一类	47	37.30	528.2	56.12	1152.52	26.22
效益二类	18	14.29	217.26	23.08	1945.06	44.25
效益三类	44	34.92	153.19	16.28	2126.42	48.38
无效益	17	13.49	42.53	4.52	3290.29	74.85
合　计	126	100.00	967.04	100.00	1581.95	34.71

5.2 油井增产措施效益评价

油井增产措施是指通过消除井筒附近的伤害或在地层中建立高导流能力的结构来提高油井的生产能力所采取的技术措施，包括大修、侧钻、压裂、酸化、堵水、补层等地质和工艺类措施。

5.2.1 效益评价方法

油井增产措施效益评价是基于投入产出平衡原理，采用有无对比法开展的经济评价，有项目即为实施措项目，无项目即为不实施措施项目。

依据盈亏平衡原理，判别措施效益状况的指标有5项，即投入产出比、投入回收期、最低经济增油量、措施收益、经济有效率。油井增产措施效益评价方法就是计算增量的投入产出比、投入回收期、最低经济增油量、措施收益、经济有效率。

（1）增量投入产出比。

指措施增量产出与措施投入的比值，是衡量措施经济效果的主要指标之一。计算公式为

$$C_B = \frac{\sum_{t=1}^{n}\left[\Delta q_t\left(P_o - T_{axo}\right) + \Delta g_t\left(P_g - T_{axg}\right)\right]}{I + \sum_{t=1}^{n}\Delta C_t} \quad (5-27)$$

式中　C_B——增量投入产出比；

　　　Δq_t——有效期内第 t 月的增油量，t；

　　　P_o——原油价格，元/t；

　　　T_{axo}——吨油税费，元/t；

　　　Δg_t——有效期内第 t 月的增气量，m^3；

　　　P_g——天然气价格，元/m^3；

　　　T_{axg}——天然气税费，元/m^3；

　　　ΔC_t——措施有效期内第 t 月的增量成本，元；

　　　I——措施费用，元；

n —— 措施有效期,月。

(2)增量投入回收期。

指措施产出抵偿措施投入所需的时间,是考察措施回收能力的主要指标。计算公式为

$$\sum_{t=1}^{T}\left[\left(\Delta q_t\left(P_o-T_{axo}\right)+\Delta g_t\left(P_g-T_{axg}\right)-\Delta C_t\right]-I=0 \quad (5-28)$$

式中 T —— 投入回收期,月。

(3)最低经济增油量。

指抵偿措施投入的最低增油量。计算公式为

$$\Delta q_{min}=\frac{I+\sum_{t=1}^{T}\Delta C_t}{P_o-T_{axo}} \quad (5-29)$$

式中 Δq_{min} —— 最低经济增油量,t。

(4)措施收益。

指措施实施后,由措施增油(气)量所带来的增量效益,是考察措施经济效果的主要指标之一。计算公式为

$$C_S=\sum_{t=1}^{n}\left[\left(\Delta q_t\left(P_o-T_{axo}\right)+\Delta g_t\left(p_g-T_{axg}\right)-\Delta C_t-I\right)\right] \quad (5-30)$$

式中 C_S —— 措施收益,元。

(5)措施经济有效率。指经济有效井次占措施总井次的比例,是考察已实施措施经济效果的主要指标。计算公式为

$$E_x=\frac{E_j}{E_z}\times 100\% \quad (5-31)$$

式中 E_x —— 措施经济有效率,%;

E_j —— 措施经济有效井次,口;

E_z —— 措施总井次,口。

在实际操作中,将吨油措施费用大于当期油价的措施定义为高成本措施。

5.2.2 效益评价目的

通常，按照措施实施过程分为措施前评价、措施过程评价和措施后评价[24]，不同的阶段，评价的目的有所差异。

（1）措施前评价。

措施前评价是指在措施实施前，按照预算指标和经济评价参数规定，对技术方案进行的效益评价，其评价目的是考察措施项目的经济可行性。

【例如】K2-4 井和 K5-7 井同属 K 区块，2019 年 3 月提出措施方案，需要实施补层和大修措施，经济评价部门针对工程设计方案开展经济可行性评价（表 5-3）。

结果显示：K2-4 井补层措施方案设计增油量 200t，经济评价估算投入 22 万元，预测最低增油量 185.3t，投入产出比 1.04，该措施经济上可行。K5-7 井大修措施方案设计增油量 300t，经济评价估算投入 65 万元，预测最低增油量 547.6t，投入产出比 0.72，该措施经济上不可行。

表 5-3 K2-4 井和 K5-7 井措施前评价结果表

井号	措施类型	设计增油（t）	油价（元/t）	操作成本（元/t）	措施投入（万元）	最低经济增油（t）	投入产出比	经济可行性
K2-4	补层	200	2657	1283.5	22	185.3	1.04	可行
K5-7	大修	300	2657	1283.5	65	547.6	0.72	不可行

（2）措施过程评价。

措施过程评价是对已实施措施进行跟踪评价，以设计指标为标准，定期反馈投入产出状况，助力生产组织经济运行。

（3）措施后评价。

措施后评价以方案设计为基准，对完成有效期的措施进行综合评价，总结实施经验。投入产出比大于 1，有效措施；投入产出比大于 2，高效措施。

【例如】M5116 井和 S38-30 井位于两个不同的开发区块，于 2019

年7月结束有效期生产。经济评价部门以工程设计方案为基准开展经济效益评价（表5-4）。

表5-4 M5116井和S38-30井措施后评价结果表

井号	评价指标	设计	实际	增减（%）	结论
M5116（堵水）	增油量（t）	580	406	-30	负效措施
	有效天数（d）	548	435	-20.6	
	措施费用（万元）	55	52	-5.5	
	投入产出比	1.08	0.84	-22.3	
S38-30（侧钻）	增油量（t）	6230	9240	+48.3	高效措施
	有效天数（d）	510	597	+17.1	
	措施费用（万元）	800	828	+3.5	
	投入产出比	1.95	2.61	+33.8	

结果显示：M5116井堵水措施方案设计：有效期548天，实际425天；增油量580t，实际406t，误差-30%；措施费用55万元，实际支出52万元；投入产出比1.08，实际0.84。经济评价结论为负效措施。

S38-30井侧钻措施方案设计：有效期510天，实际597天；增油量6230t，实际9240t；措施费用800万元，实际支出828万元；投入产出比1.95，实际2.61。经济评价结论为高效措施。

5.3 开发先导试验项目全生命周期经济评价

5.3.1 全生命周期的界定

生命周期评价（Life Cycle Assessment，即LCA）起源于1969年美国中西部研究所受可口可乐委托，对饮料容器从原材料采掘到废弃物最终处理的全过程进行的跟踪与定量分析[25]。目前，国际上通常认为，一种产品从原料开采开始，经过原料加工、产品制造、产品包装、运输和销售，然后由消费者使用、回收再利用和维修，最终再循环或作为废弃物处理和处置，这一整个过程称之为产品的生命周期。

油气田建设项目的全生命周期，是指项目从建设、运行到经济废弃的整个过程。全生命周期的起点是项目建设起点,终点是通过经济极限指标的研究而确定的项目废弃时间。

项目全生命周期评价的内涵就是多角度、多层次评价建设项目。多角度即立足项目,多方位评价项目,从不同的视角评价项目的效益性;多层次即跳出项目,多层面评价项目,从不同的层次评价项目的效益性。因此,项目全生命周期经济评价,就是针对项目的不同阶段进行全过程的跟踪经济评价,针对项目的不同层次进行全要素的综合经济评价。

5.3.2 全生命周期经济评价方法[26]

根据项目周期的阶段性差异,按生命周期将项目分为三个阶段,即项目决策阶段、项目建设阶段和项目运营阶段。不同阶段对应不同的经济评价方法(表 5-5)。

表 5-5 项目全生命周期经济评价方法

阶段	经济评价方法	备注
项目决策阶段	有无对比法	
项目建设阶段	跟踪对比法	
	前后对比法	竣工 1 年后评价
项目运营阶段	跟踪评价法	

5.3.2.1 项目决策阶段经济评价方法

项目决策阶段采用有无对比法,"多层面、多角度"评价项目的增量效益。即站在项目自身的层面,通过对项目实施与否的对比评价,计算项目在生命周期内的增量效益;站在地区公司层面,从勘探开发、采油作业等不同的角度,计算项目的增储效益和产量规模提高带来的直接经济效益;站在集团公司层面,从业务覆盖的角度,计算因项目实施而增加的钻井、作业等工程技术服务业务工作量产生的协同效益。

5.3.2.2 项目建设阶段经济评价方法

这个阶段分两个部分,一是建设期内,二是竣工 1 年后。

(1)建设期内采用跟踪对比法。通过跟踪评价方案设计指标完成情况,反馈项目各项指标的完成率。

（2）竣工1年后采用前后对比法。按照中国石油和中国石化投资项目后评价管理规定：在项目建成投产运行一年内，要组织开展后评价。

5.3.2.3 项目运营阶段经济评价方法

项目运营阶段采用跟踪评价法。

5.3.3 全生命周期经济评价指标体系

按照项目生命周期的"决策、建设、运营"三个阶段，项目全生命周期经济评价指标体系分为三大类6个亚类27项指标。

5.3.3.1 项目决策阶段

分为盈利能力评价指标和经济极限评价指标2个亚类14项指标（图5-1）。

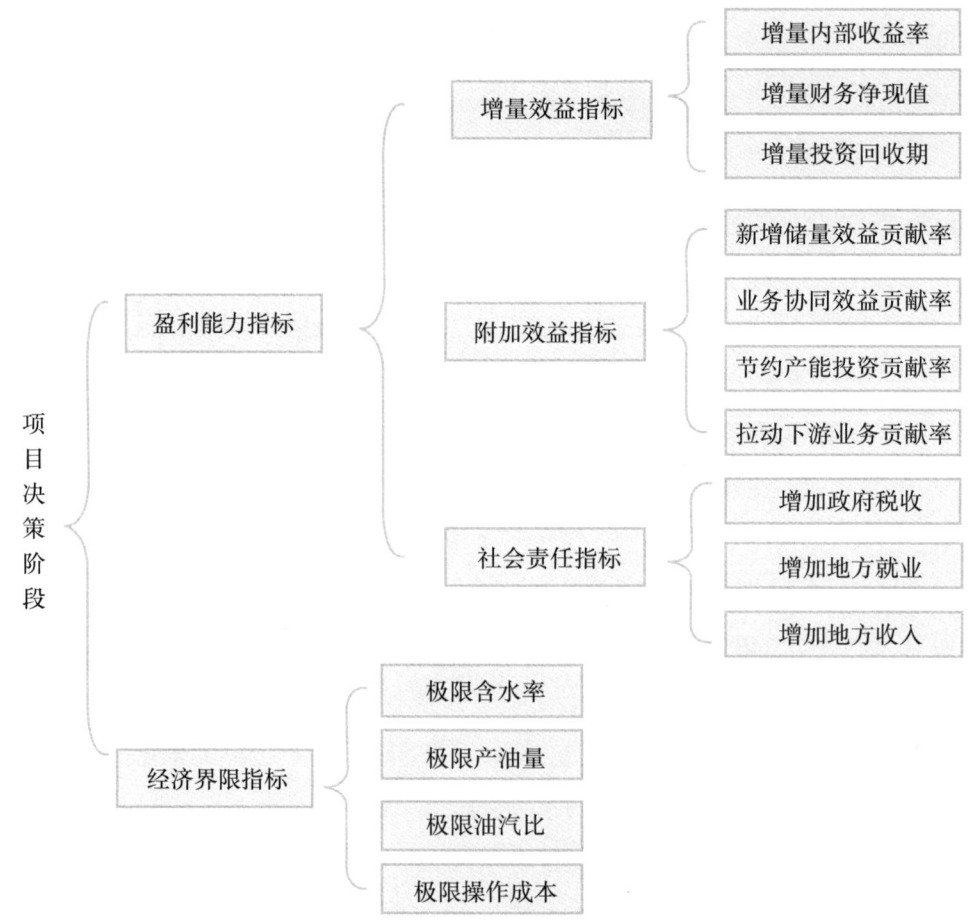

图5-1 项目决策阶段经济评价指标体系

（1）盈利能力评价指标。包括增量效益指标、附加效益指标、社会责任指标。

增量效益指标包括增量内部收益率、财务净现值、投资回收期；附加效益指标包括新增储量效益贡献率、业务协调效益贡献率、节约产能投资贡献率、拉动下游业务贡献率；社会责任指标包括增加政府税收、增加地方就业、增加地方收入。

增量效益指标计算中，增量内部收益率（FIRR1）是指在进行有项目和无项目效益对比时，两个项目财务净现值相等时的折现率；当 FIRR1 大于基准收益率（i_c），说明有项目优于无项目；反之，说明无项目优于有项目。增量财务净现值是指按行业基准收益率，将计算期内各年有项目和无项目对减后净现金流量折算到开发建设起始点的现值之和；增量财务净现值等于或大于零，说明有项目具备经济可行性。增量投资回收期是指以有项目的投建之日为起点，用有项目和无项目对减后所得的净收益，抵偿原始投资所需要的时间。

附加效益指标计算中，新增储量效益贡献率是将有项目增加可采储量而节省的勘探费用作为新增储量效益，纳入项目"增量"净现金流量，由此计算项目内部收益率指标（FIRR2），FIRR2 与 FIRR1 的差值即为项目新增储量效益贡献率。业务协调效益贡献率是指用考虑协同效益后的净现金流量，计算财务内部收益率（FIRR3），FIRR3 与 FIRR2 的差值即为项目的业务协同效益贡献率。节约产能投资贡献率是将有项目增加产量而节省的产能建设投资作为节约投资效益，纳入项目"增量"净现金流量，由此计算项目内部收益率指标（FIRR4），FIRR4 与 FIRR3 的差值即为项目节约投资效益贡献率。拉动下游业务贡献率指上游企业生产的原油卖给下游企业而拉动下游企业利润，作为拉动效益纳入项目"增量"净现金流量，进而计算项目内部收益率指标（FIRR5），FIRR5 与 FIRR4 的差值即为项目拉动效益贡献率。

社会责任指标计算中，增加政府税收指项目因产量增加而向地方政府缴纳的销售税金及所得税。增加地方就业指因实施项目而增加的地方企业就业率。增加地方收入指因实施项目而增加的地方企业收入。

（2）经济极限评价指标。

经济极限评价指标包括极限操作成本、极限含水率、极限油汽比、极限产油量，具体计算方法见3.2.1。

5.3.3.2 项目建设阶段

项目建设阶段分为跟踪评价指标和后评价指标2个亚类5项指标（图5-2）。

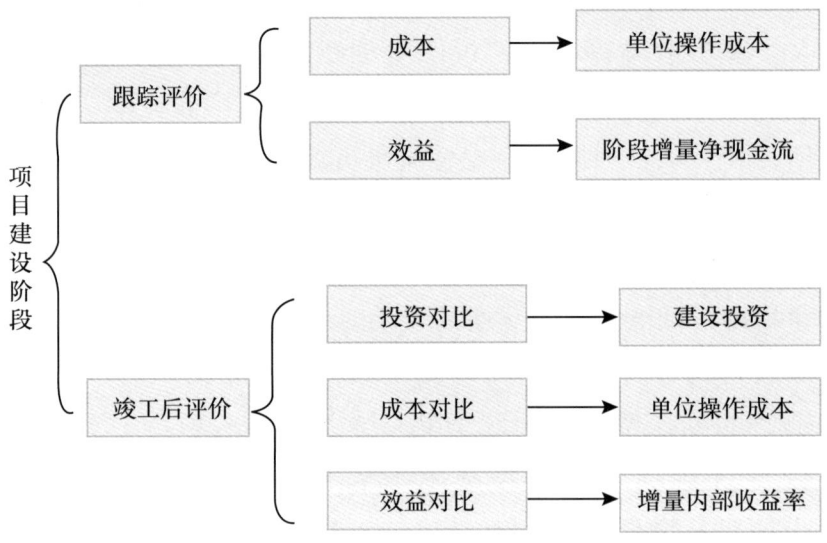

图5-2 项目建设阶段经济评价指标体系

（1）跟踪评价指标。

跟踪评价指标包括成本指标、效益指标。

成本指标是指单位操作成本，通过平均单位操作成本的对比，评价项目的效果。

效益指标是指净现金流，通过阶段增量净现金流的变化，评价项目的创效能力。

（2）竣工后评价指标。

竣工后评价指标包括投资、成本、效益三类指标综合评价。

投资对比是指建设投资完成率评价，并对投资增减进行详细分析。

成本对比是指平均单位操作成本评价，并对成本的超支或节约进行详细分析。

效益对比是对增量投资产生的增量效益进行评价，通过增量的内部收益率、财务净现值、投资回收期反映项目的投资效益。

5.3.3.3 项目运营阶段

项目运营阶段分为跟踪评价指标和红线指标2个亚类8项指标（图5-3）。

（1）跟踪评价指标。包括成本指标、效益指标，含义同项目建设阶段一致。

（2）红线指标。主要是通过经济极限指标建立年度预警红线，对接近经济界限的项目提出效益风险预警。红线指标包括开发指标、成本指标和效益指标，具体计算方法见4.2.2.3章节。

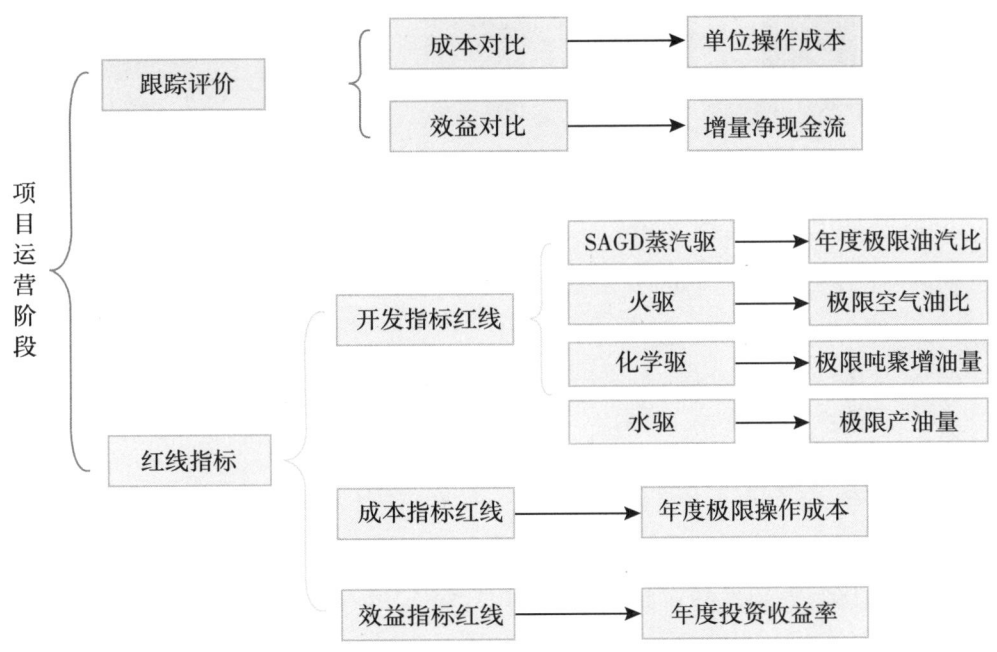

图5-3 项目运营阶段经济评价指标体系

5.3.4 全生命周期经济评价实例

以中国石油2005年十个重大开发试验项目之一，TYKF油田蒸汽辅助重力泄油（SAGD）项目为例，验证全生命周期经济评价方法和指标体系的实用性。

项目决策阶段为2003—2005年。方案编制人员用全生命周期经济评价方法对《D8区SAGD开发方案》进行了综合经济评价。预计增加产量770.4×10⁴t，可实现增量内部收益率16.3%，增量财务净现值7.6863亿元，增量投资回收期7.9年，总收益率达到23%（图5-4）。其中项目附加效益6.7%，社会责任效益体现在缴纳税费13.16亿元。

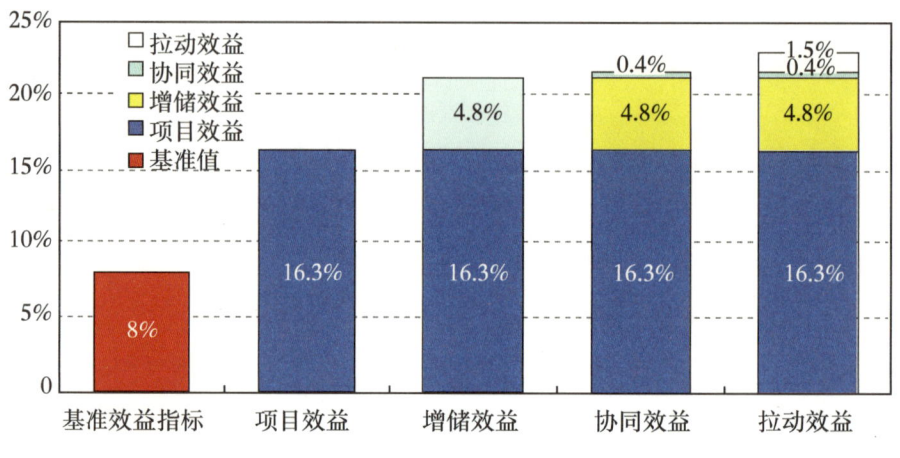

图5-4　D8区SAGD开发方案总收益率图

项目建设阶段为2006—2011年。管理部门于2013年四季度开展了项目后评价，确定项目达到了建百万吨产能指标，投资完成率100%，平均单位操作成本901元/t，与方案设计相对误差小于5%，自身增量财务内部收益率20.3%，高出开发方案2.05%，效益等级为中等。

项目运营阶段为2012年至今。截至2019年底，D8区SAGD共有72个井组转入SAGD开发，阶段累计采油906.6×10⁴t，总体采出程度52%，瞬时油汽比0.25，瞬时采注比1.24。

（1）成本对比评价。

从建设阶段到运营阶段，D8区SAGD的成本得到了有效控制，体现了方案设计的水平（表5-6）。

表5-6　D8区SAGD操作成本变化表　　　单位：元/t

年度	2005	2006	2007	2008	2009	2010	2011	2012	2013	2014	2015	2016	2017	2018	2019
方案	442	603	616	907	900	1282	1190	1017	915	869	855	901	870	893	883
运行	442	558	644	882	1068	1320	1219	1031	962	1005	907	886	925	949	1124

（2）效益对比评价。

2005—2019年D8区SAGD贡献现金流量35.3亿元，较方案设计水平高3.9亿元，平均吨油利润833元，显示了高超的方案编制水平和项目管理水平（图5-5）。

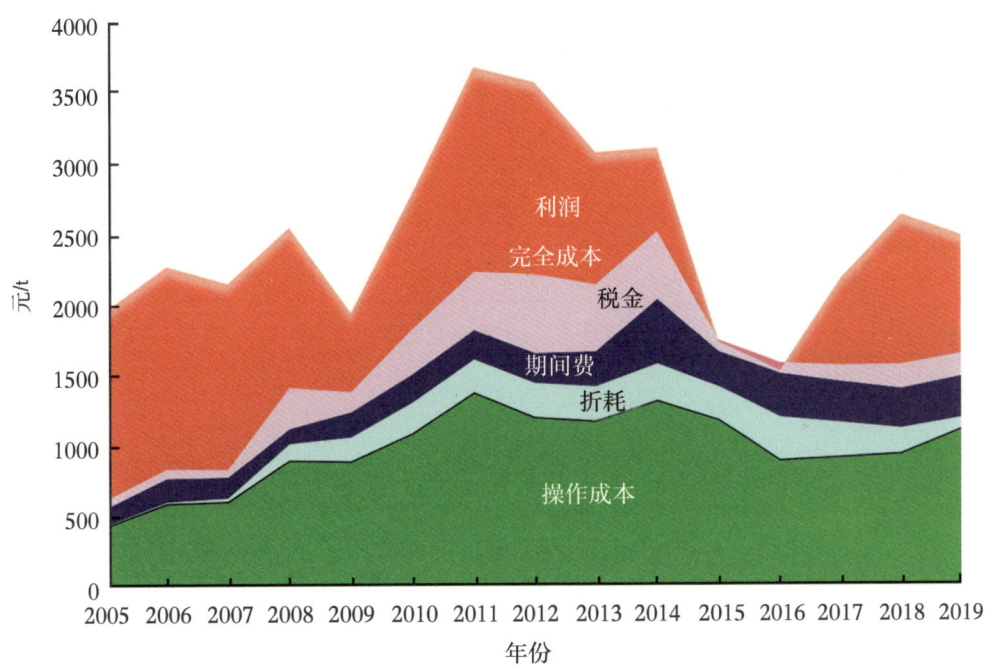

图5-5　D8区SAGD利润变化图

（3）红线指标。

①开发指标红线。D8区SAGD极限油汽比为0.12，目前实际油汽比0.24，项目处于经济运行期。

②成本指标红线。D8区SAGD极限操作成本1300.5元/t，目前操作成本886元/t，低于红线指标，项目处于经济运行期。

③效益指标红线。D8区SAGD平均投资收益率10%，超过基准投资收益率（8%），项目处于经济运行期。

6 油气合作开发项目经济评价方法与实例

油气合作开发项目是指本国石油公司与国外石油公司之间签订的合作项目，包括区块、单井和其他油气合作项目，其经济评价是项目可行性研究的重要组成部分。

6.1 合作开发主要合同模式

国有石油公司目前所签订国际石油合同一般分为三类：产品分成合同、矿费税收制合同和技术服务合同。

产品分成合同。资源国保留矿产资源所有权，合同者提供投资和作业服务，利用生产出的油气进行投资成本回收和获得油气分成，通过销售成本油气和分成油气，并按照合同规定向政府交纳相关税费后获得收益[27]。资源国政府的收益主要来自剩余成本油、利润油和相关税费。

矿费税收制合同。合同者拥有合同期内矿产资源的经营、作业和油气支配权。合同者提供投资和作业服务，通过销售油气产品获得收入，缴纳矿区使用费、所得税及其他税费后，获得投资收益。资源国政府的收益主要来自合同者缴纳的税收和矿区使用费。

技术服务合同，也称风险服务合同。这类合同的类型多、且复杂。以伊拉克技术服务合同为例，资源国拥有矿产所有权和经营权，合同者提供油气勘探、开发、生产等作业所需和投入和技术，并负责油田的开发建设和日常生产，通过回收投资成本以及收取服务利润的方式获得收益，不享有油田生产的商业油气产量任务任何任务，生产的油气全部属于政府，勘探和作业风险全部由合同者承担。

6.2 油气合作开发项目经济评价实例

以油气开发产品分成合同和矿费税收制合同为例，阐述油气合作开发项目中经济评价方法的应用成效。

6.2.1 油气开发产品分成合同

选用 z 公司在 B 国签订的 A 区项目做实例，阐述油气合作开发项目中，产品分成合同模式的经济评价方法操作过程。

6.2.1.1 项目概况

2013 年 z 公司进入 B 国 A 区进行勘探开发工作，签订了 8 个勘探区块，面积 $115925km^2$，2 个开发区块，面积 $1226km^2$。经过对其中两个气田的勘探研究，预计建成天然气（50~100）$\times 10^8 m^3$ 的生产规模，在 C 国进行 LNG 建设并输送中国。

依据 A 区气田开发的现场实际情况，在项目运行的前三年为地面管网、长输管道以及 LNG 厂的建设期。计划待前期基础设施建设完毕，于第四年投入生产，一期两个开发区块实现年产气 $50\times 10^8 m^3$ 的生产规模，二期通过勘探区块不断落实储量，预计实现年产气 $100\times 10^8 m^3$ 的生产规模。

考虑不同上产方式以及勘探区块储量落实的程度，依据现场钻井工作量，本气田开发适合的井网井型，单井合理配产等方面的论证成果，设计了三套方案：【方案一】开发区各层系接替上产，保持年产 $50\times 10^8 m^3$，长期稳产；【方案二】开发区稳产 $50\times 10^8 m^3$，探区上产 $50\times 10^8 m^3$，合计达到 $100\times 10^8 m^3$；【方案三】一期开发区上产 $100\times 10^8 m^3$，二期勘探区接替稳产。

根据开发区各层的 2P 级储量（净探明＋概算油气储量），以及各层的井网井距、单井控制储量综合因素,在两个开发区块共部署井数 250 口,其中新井 232 口(新井包括直井 212 口,水平井 20 口),老井 18 口;对勘探区块的五个落实圈闭所具有的储量进行了远景规划,部署直井 143 口。

(1)油藏工程方案。

【方案一】开发区各层系接替上产,保持年产 $50\times10^8m^3$,稳产 15 年。开发区稳产期采气速度为 2.5%,开发至 2054 年累计产气量为 $1337.7\times10^8m^3$,开发期末采出程度为 65.5%。

【方案二】开发区稳产 $50\times10^8m^3$,探区上产 $50\times10^8m^3$,合计达到 $100\times10^8m^3$,稳产 7 年。开发区稳产期采气速度为 2.5%,开发至 2054 年累计产气量为 $1337.7\times10^8m^3$,开发期末采出程度为 65.5%;勘探区开发至 2054 年累计产气量为 $885.2\times10^8m^3$,开发期末采出程度为 64.6%。

【方案三】一期开发区上产 $100\times10^8m^3$,二期勘探区接替稳产,稳产 12 年。开发区稳产期采气速度为 5%,开发至 2054 年累计产气量为 $1379.7\times10^8m^3$,开发期末采出程度为 67.5%;勘探区开发至 2054 年累计产气量为 $865.7\times10^8m^3$,开发期末采出程度为 63.2%。

(2)地面工程方案。

气田采用多井集气,天然气在各井口加热、节流后由集气支线输送至气田内的集气站,在集气站采用轮换分离后对各单井气、液分别进行计量,计量后的单井与其余各井含液天然气在集气站内汇合,混输至油气处理厂内的集气装置。

气田的天然气通过集气干线混输至油气处理厂集气装置,含液天然气先经段塞流捕集器缓冲、一级分离后,气相去气液分离器进行二次分离,分离出的气相计量后进入脱水脱烃装置,液相与段塞流捕集器的液相混合在一起经节流后进入三相分离器进行三相分离。三相分离器分离出来的闪蒸气去燃料气系统,油去凝析油稳定装置,污水去采出水处理装置。

天然气脱水脱烃后分离后的产品天然气进入到输气首站,再由外输管道输送至外输港口。

天然气处理厂分离下来的凝析油经凝析油稳定装置稳定后装车外运

至外输港口。

生产污水处理后排至晒水池蒸发，生活污水处理后用于绿化或送至晒水池蒸发。

（3）钻采工程方案。

方案一：现有井身结构中ϕ177.8mm套管全部改为ϕ139.7mm套管完井。

方案二：由于目前Basement地层缺少压力预测数据，可采用ϕ177.8mm套管完井（预留一层备用）。从安全下套管和提高固井质量考虑优化井身结构。

方案三：若完钻层位Basement潜山地层压力体系发生变化（目前没有Basement地层压力预测曲线），则用ϕ177.8mm套管封潜山顶部，下部用ϕ152.4mm钻头四开钻进，悬挂ϕ127mm尾管固井完井。

根据油气田井网部署要求，目前采用直井（定向井）和水平井结合方式开发。

①定向井，一般情况下选择"直—增—稳"三段制轨道设计类型；水平井一般选择"直—增—稳—增—水平"五段制轨道设计类型。

②定向井设计曲率不大于2.1°/30m，以降低施工难度。

③水平井设计采用曲率不大于7°/30m，井眼轨迹尽可能保持平稳光滑，以保证完井管柱顺利下入。

（4）管道工程方案。

①设计参数。

根据前期研究和现场调研成果，B国至C国管道全长697.1km，起点进气压力不小于5MPa，终点外输压力不低于6.5MPa。国内已建的类似输气管道工程众多（如西气东输管道、陕京管道等），通过对已建输气管道工程成果进行研究，考虑本工程最终输气量（远期达到）为$120 \times 10^8 m^3/a$，B国至C国输气管道工程管径选择D1016mm，材质X70，设计压力10MPa。

②布站方案。

天然气长输管道工程中，除首站增压外，管道沿线一般还需根据需要设置若干中间增压站，典型压缩机站布站间距一般为120~250km。

另外，在设计压力不变的基础上，管道沿线布站越少，投资越低，能耗越低。

结合上述已建工程的实际经验，通过工艺模拟计算，确定本管道沿线设 2 座中间站，站场设置间距见表 6-1。

表 6-1　拟建站场间距表

站场	里程（km）	站场间距（km）
压气首站（CS0）	0	
中间压气站（CS1）	230	230
中间压气站（CS2）	450	220
末站	697	247

（5）LNG 工程方案。

LNG 工艺过程包括进口计量、增压、脱酸、脱水、液化、储存、装船及辅助系统等。原料气经过进口计量调压系统以保证恒定的入口气体压力及流量，通过原料气过滤分离器以脱除原料气中含有的较大颗粒和液体。原料气压缩系统提高原料气压力，以利于后续的制冷进行。醇胺脱酸系统、分子筛脱水系统、脱汞系统、纯化系统等分别将原料气中 CO_2 含量脱除至小于 2.0mg/m^3、水含量减小至小于 0.8mg/m^3、汞含量减小至小于 0.01μg/m^3、苯含量减小至小于 0.3mg/m^3、重烃含量减小至小于 0.1%（摩尔分数），此时的天然气可进行液化。天然气进入冷箱前将经过丙烷预冷，进入冷箱后利用冷箱内混合制冷剂释放的冷量被液化至 LNG，进入 LNG 存储系统。丙烷和混合制冷剂压缩系统进行压缩、制冷循环（图 6-1）。

6.2.1.2　合同简述

（1）概述。

B 国政府矿业部与 A 公司之间的石油产量分成协议于 2013 年 11 月 16 日签订，签订了 5 个石油产品生产分成协议。总的合同面积达 117151km^2，其中开发区 2 个区块面积为 1226km^2；勘探区 8 个区块面积 115925km^2。其中开发区块 1 有 2 年的评价期和 2 年的评价延期，评

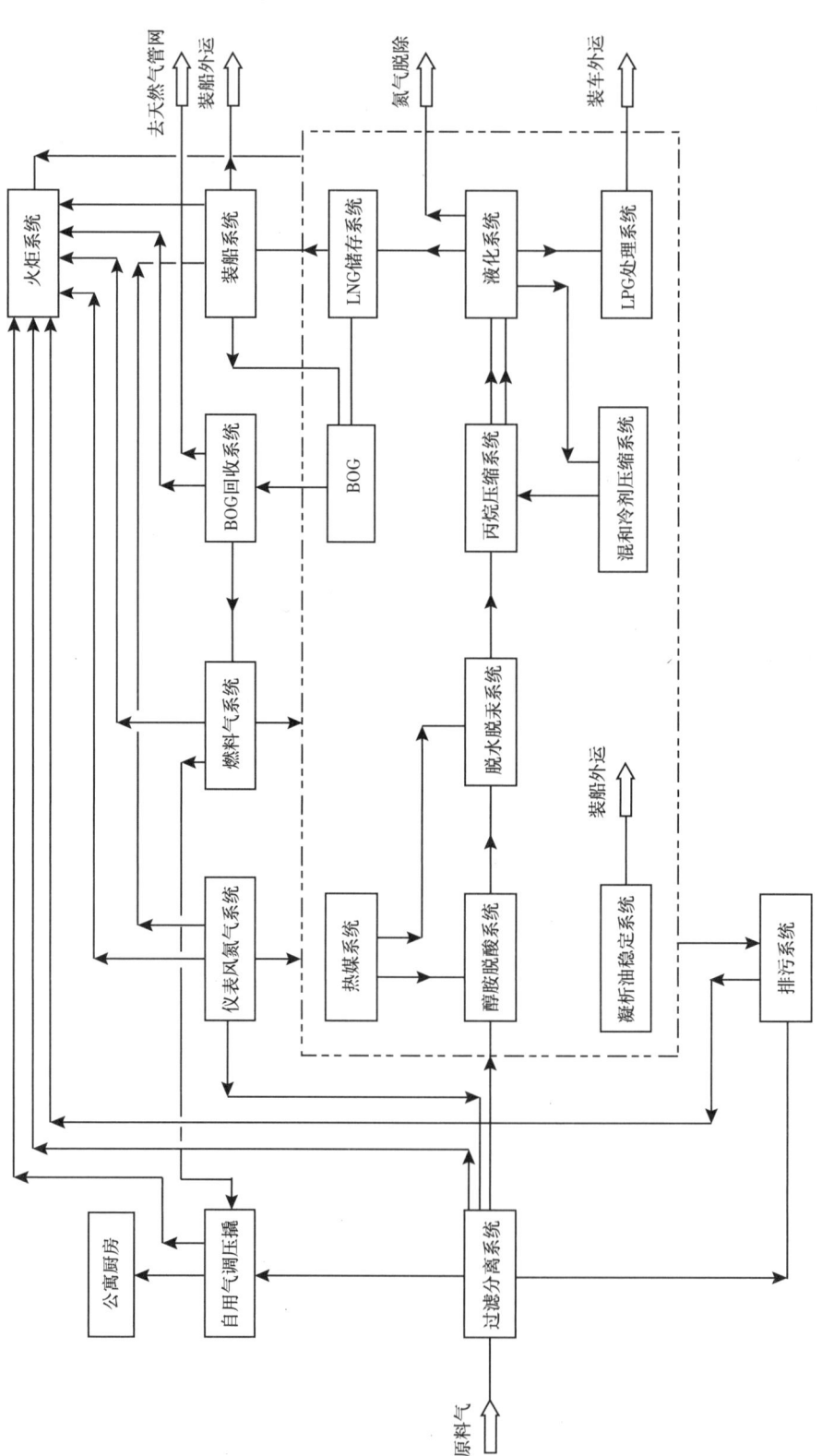

图6-1 工艺流程系统框图

价期内须完成约定的最低义务工作量，之后是 25 年的开发期及 10 年延期，合同期限最多 39 年；8 个勘探区块有 4 年的勘探期和 4 年勘探延期，勘探期内须完成约定的最低义务工作量，勘探期或勘探延期结束后要完成退地和区块保留，保留区块进入为期 25 年的开发期及 10 年开发延期，合同最长期限为 43 年。

（2）相关条款。

①在每个公历月的月底 10 天内，按照如下确定的增加规模，承包商应根据石油作业中生产、保存和未使用的所有开发区域原油和天然气总日产量向矿业部支付矿区使用费（表 6-2，表 6-3）。

表 6-2　原油矿区使用费率表

开发区的平均原油产量	矿区使用费（%）
第一批的 20000bbl/d	8
其次的 20000bbl/d	9
其次的 20000bbl/d	10
再次的 40000bbl/d	11
超过第一批 100000bbl/d 的任何容量	12.5

表 6-3　天然气矿区使用费率表

开发区平均天然气产量的矿区使用费	矿区使用费（%）
第一批的 $100 \times 10^6 ft^3/d$	5
其次的 $100 \times 10^6 ft^3/d$	6
其次的 $100 \times 10^6 ft^3/d$	7
其次的 $100 \times 10^6 ft^3/d$	8
其次的 $100 \times 10^6 ft^3/d$	9
超过第一批 $500 \times 10^6 ft^3/d$ 的任何容量	10

②承包商应在每个公历年保留和处置其价值等于该公历年可开采石油作业成本的原油量（以下简称"成本油"），限于其数量等于合同区原油平均日产量（矿区使用费净额）的 65%。承包商应在每个公历年保留和处置其价值等于该公历年可回收石油作业成本的天然气量（以下简称"成本天然气"），限于其数量等于合同区天然气平均日产量（矿区使

用费净额）的70%。

③如果任何公历年的可开采石油作业成本超过规定的原油或汽油的最高额价值，超额应在下个后续公历年或多个公历年结转。

④在扣除规定的矿区使用费之后剩余的原油余额以及已满足可采石油作业成本的程度和方式之后的原油余额被称为"利润油"，应按照以下增量比例由政府和承包商共享、取得和处置（表6-4）。

表6-4 利润油分成比例表

合同区原油的平均日产量	政府分成（%）	承包商分成（%）
第一批的 2×10^4 bbl/d	30	70
其次的 2×10^4 bbl/d	35	65
其次的 2×10^4 bbl/d	40	60
再次的 4×10^4 bbl/d	45	55
超过第一批 10×10^4 bbl/d 的任何批量	50	50

在扣除规定的矿区使用费之后任何公历年剩余的天然气余额以及在满足可回收石油作业成本的程度和方式之后的天然气余额被称为"利润天然气"，应按照以下增量比例由政府和承包商共享、取得和处置（表6-5）：

表6-5 利润气分成比例表

合同区天然气的平均日产量	政府分成（%）	承包商分成（%）
第一批的 100×10^6 ft^3/d	20	80
其次的 100×10^6 ft^3/d	25	75
其次的 100×10^6 ft^3/d	30	70
其次的 100×10^6 ft^3/d	35	65
其次的 100×10^6 ft^3/d	40	60
任超过第一批 50000 万立方英尺/天的任批量	45	55

⑤承包商有义务向国家供应原油来满足国内消费需求，供应量不应超过承包商享有原油的25%。

6.2.1.3 建设投资估算

（1）钻采工程投资。

方案一钻采工程（含开发井投资，采气投资，措施投资）为15.04亿美元；方案二钻采工程为22.44亿美元；方案三钻采工程为22.44亿美元（表6-6）。

表6-6 不同方案钻采工程投资汇总表

年份	方案一（万美元）	方案二（万美元）	方案三（万美元）
2017	8972	8972	35174
2018	9281	9281	34640
2019	9198	9198	34627
2020	12760	25411	24560
2021	6513	19194	17207
2022	9384	21800	8052
2023	8148	18159	6135
2024	8148	11248	6450
2025	7413	11664	6450
2026	7457	11708	6606
2027	7457	11708	6560
2028	7457	11785	6727
2029	7413	11791	7554
2030	7413	9139	6979
2031	6892	6892	7554
2032	6892	6892	6979
2033	6892	6892	2176
2034	6892	6892	
2035	5805	5805	
合计	150385	224431	224431

（2）地面工程投资、管道投资、LNG投资。

方案一地面工程投资、管道投资、LNG投资为428577万美元；方案二为674718万美元；方案三为672811万美元。分年投资情况见（表6-7至表6-9）。

表 6-7 地面工程、管道、LNG 分年投资明细（方案一）

年份	投资金额（万美元）			
	地面工程投资	管道投资	LNG 投资	合计
2017	14934	70331	89922.53	175188
2018	5387	42240	53953.52	101580
2019	22007	28091	35969.01	86067
2020	3634			3634
2021	2643			2643
2022	5286			5286
2023	4625			4625
2024	4625			4625
2025	4295			4295
2026	4295			4295
2027	4295			4295
2028	4295			4295
2029	4295			4295
2030	4295			4295
2031	3964			3964
2032	3964			3964
2033	3964			3964
2034	3964			3964
2035	3304			3304
合计	108070	140662	179845	428577

表 6-8 地面工程、管道、LNG 分年投资明细（方案二）

年份	投资金额（万美元）			
	地面工程投资	管道投资	LNG 投资	合计
2017	14934	89707	157051	261692
2018	5387	53877	94231	153494
2019	22212	35830	62820	120863
2020	26827			26827
2021	16289			16289
2022	18909			18909
2023	10902			10902
2024	6607			6607
2025	6938			6938

续表

年份	投资金额（万美元）			
	地面工程投资	管道投资	LNG 投资	合计
2026	6938			6938
2027	6938			6938
2028	6938			6938
2029	6938			6938
2030	5286			5286
2031	3964			3964
2032	3964			3964
2033	3964			3964
2034	3964			3964
2035	3304			3304
合计	181202	179414	314102	674718

表 6-9 地面工程、管道、LNG 分年投资明细（方案三）

年份	投资金额（万美元）			
	地面工程投资	管道投资	LNG 投资	合计
2017	28375	89707	157051	275133
2018	10235	53877	94231	158342
2019	71308	35830	62820	169959
2020	9911			9911
2021	9911			9911
2022	4955			4955
2023	3964			3964
2024	4295			4295
2025	4295			4295
2026	4295			4295
2027	4295			4295
2028	4295			4295
2029	4625			4625
2030	4295			4295
2031	4625			4625
2032	4295			4295
2033	1321			1321
合计	179295	179414	314102	672811

(3)投资合计。

方案一总投资为 57.89 亿美元；方案二总投资为 89.92 亿美元；方案三总投资为 89.72 亿美元。

6.2.1.4 生产作业费估算

生产作业费包括天然气生产作业费、管道和 LNG 生产作业费以及合同中约定的相关费用。

天然气生产作业费参考中国石油长庆油田 2016 年天然气操作成本，按照 0.18 元 /m^3 测算；

管道和 LNG 生产作业费按照人员费、材料费、维护修理费、运输费、水费分项测算；

按照合同约定，合同者可回收作业成本还应包括启动商业性生产付款、土地租金、培训费、社区建设费用：

（1）在商业生产开始后，承包商有义务向政府支付三千万美元（\$30000000）。这项付款应从商业生产开始后的第 180 天及此后九年的该日期，分十次分期缴纳共三百万美元（\$3000000）。承包商有权以石油作业成本的名义报销该款项。

（2）对于合同区中还未指定为开发区域的所有未放弃部分，承包商应在评估期间按照 12 美元 /km^2 的价格向部长支付年租金；对于合同区中被指定为开发区域的所有部分，承包商应在开发和生成期间按照 200 美元 /km^2 的价格向部长支付年租金。

（3）在评估期内的每个合同年，承包商应提供部长或任何继任部长至少 10 万美元；在开发和生产阶段的每个合同年，提供给矿业部或继任部长的金额增加到最低 25 万美元，用于培训埃塞俄比亚政府人员或支付获得部长批准的培训设施。矿业部或继任部长应向承包商提供收到这些资金的书面确认报告。

（4）在勘探期间，承包商应准备一份将在合同区进行的社区发展计划。该计划应由双方共同商定。承包商应提供的每个合同年金额等于其在评估期内的每个合同年所支付的 50 万美元和资本支出的 0.5% 的数额，以及每个合同年的金额等于承包商在开发和生产期所产生的 100 万美元和 1% 的资本支出。

合同期内分年生产作业成本情况见表6-10。

表6-10 方案生产作业费汇总表

年份	方案一（万美元）	方案二（万美元）	方案三（万美元）
2017	60	92	92
2018	60	92	92
2019	60	92	92
2020	17512	22502	32407
2021	18396	27509	34679
2022	18313	30939	34592
2023	18380	33736	34346
2024	18407	33674	34255
2025	18401	33617	34178
2026	18370	33612	34088
2027	18391	33658	33979
2028	18411	33704	33852
2029	18431	33750	33841
2030	17503	32185	32701
2031	17524	31032	32652
2032	17537	29871	32500
2033	17551	28843	31096
2034	17590	27922	28900
2035	17545	27022	26757
2036	16766	25472	24807
2037	15784	23796	23051
2038	14890	22287	21481
2039	14055	20891	20000
2040	12960	19288	18503
2041	12046	17919	17075
2042	11498	16970	15679
2043	10683	15781	14450
2044	10163	14939	13474
2045	9649	14106	12560
2046	9181	13371	11759
2047	8747	12696	11037
2048	8346	12082	10343
2049	7966	11513	9762
2050	7619	10980	9208
2051	7298	10498	8707
2052	6984	10050	8292
2053	6724	9656	7872
2054	6430	9255	7512
合计	486230	785399	790669

6.2.1.5 财务评价

6.2.1.5.1 评价参数选取

(1) 销售价格。

原油价格按照中国石油投资项目经济评价参数规定，采用阶梯油价：2017—2020 年分别为 50 美元 /bbl、50 美元 /bbl、60 美元 /bbl、60 美元 /bbl，2021 年以后均按照 70 美元 /bbl 考虑；LNG 价格是通过分析近年日本 JCC 的 LNG 到岸价与布伦特原油价格的对应关系，结合对中海油气电集团的调研，东亚地区 LNG 到岸价一般是 0.11~0.14 倍布伦特原油价格的关系。通过 LNG 结果和布伦特原油价格的数据拟合，二者关系为 LNG 价格 =0.1211× 布伦特油价 +1.3456，此拟合的相关性系数为 0.8363。根据这一关系，当布伦特原油价格取值为 70 美元 /bbl 时，东亚地区 LNG 价格到岸价取值 9 美元 /10^6Btu[①] 是较为保守的取值。如果布伦特油价为 51 美元 /bbl 时，对应东亚地区 LNG 到岸价为 7.52 美元 /10^6Btu。

(2) 基准收益率。按照中国石油投资项目经济评价参数规定，境外项目陆上常规油气田开发项目基准收益率为 10%。

(3) 矿区使用费。按照中国合同规定执行。

(4) 所得税。税率为 30%。

(5) 折旧。采用平均年限法，折旧年限为 10 年。

(6) 按照合同约定合同者放弃和处置资产引起的所有费用。

6.2.1.5.2 产品分配流程（图 6-2）

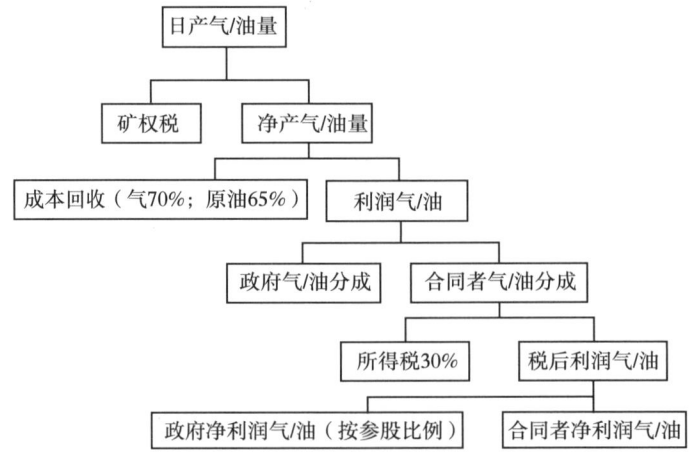

图 6-2 项目产品分配流程框图

---

① Btu——英制热单位，1Btu=1055.1J。

6.2.1.5.3 经济评价结果

（1）盈利能力评价。

投资按照 70% 贷款（贷款利息 6.5%）考虑，三套方案在到岸价 9 美元 /10^6Btu 条件下，经济评价指标均达到行业标准（表 6-11）。考虑方案二和方案三投资规模较大，二期勘探储量存在一定的风险性，推荐方案一为实施方案。

表 6-11　不同方案经济评价指标汇总表

方案	方案一	方案二	方案三
总产气量（10^8m^3）	1337.6	2222.5	2245.4
总产油量（10^4t）	407.8	850.6	855.2
建设投资（万美元）	578962	899149	897241
总作业成本（万美元）	486230	785399	790669
IRR（%）	12.45	18.65	21.97
NPV（万美元）	34895	171540	233340
投资回收期（a）	15.2	7.9	6.4

为充分考虑到 LNG 价格的风险性，采用：①过去 1 年实际交易价格平均值；②过去 2 年实际交易价格平均值；③过去 3 年实际交易价格平均值；④ 2017.3.20 日布伦特价格及推算的对应 LNG 价格；⑤根据《中国石油天然气集团公司投资项目经济评价参数》预测油价反推 LNG 价格（表 6-12），计算方案一的经济性。方案一在 5 个价格条件下，经济评价指标结果见表 6-13。

表 6-12　方案一价格汇总表

LNG 到岸价格（美元 /10^6Btu）	布伦特油价（美元 /bbl）	备注
6.73	47.34	过去 1 年实际交易价格平均值
7.91	48.14	过去 2 年实际交易价格平均值
10.09	62.01	过去 3 年实际交易价格平均值
7.52	51	2017 年 3 月 20 日布伦特价格及推算的对应 LNG 价格
9	70	预测价格

表 6-13　方案一经济评价指标汇总表

LNG 到岸价格 （美元 /10⁶Btu）	布伦特油价 （美元 /bbl）	IRR （%）	NPV （万美元）	投资回收期 （a）
6.73	47.34	4.32	−83823	21.80
7.91	48.14	8.22	−25745	17.99
10.09	62.01	16.09	85654	9.08
7.52	51	6.99	−43906	19.04
9	70	12.45	34895	15.21

（2）抗风险能力评价。

方案一在到岸价 9 美元 /10⁶Btu 条件下具有一定的抗风险能力：当投资、成本增加 20%；产量降低 10% 时，方案经济评价指标仍能达到行业标准（表 6-14，图 6-3）。

表 6-14　方案一敏感性分析表

变化率	内部收益率（%）			
	投资	成本	产量	价格
−20%	14.94	14.20	7.72	6.75
−10%	13.59	13.32	10.06	9.56
0	12.45	12.45	12.45	12.45
10%	11.46	11.58	14.85	17.27
20%	10.60	10.72	17.27	18.35

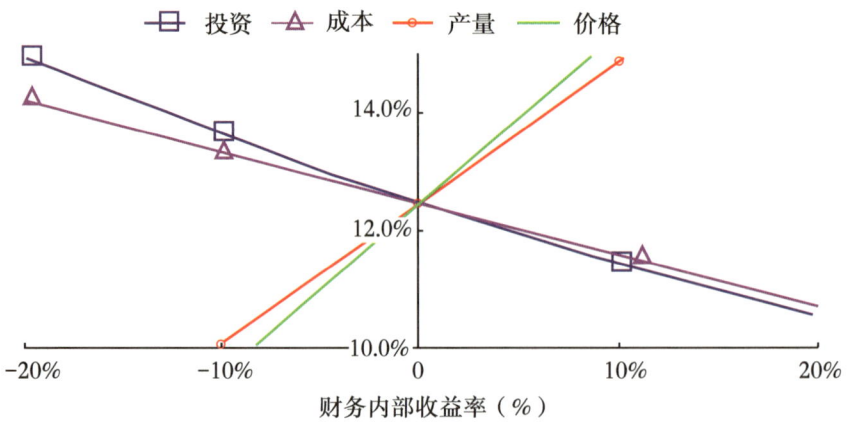

图 6-3　方案一敏感性分析图

6.2.1.5.4　评价结论

（1）【方案一】开发区各层系接替上产，保持年产 $50 \times 10^8 m^3$，稳产

15 年；累计投资 57.90 亿美元；平均生产作业费 1.17 美元 /10^6Btu（其中天然气 0.83 美元，管道和 LNG 0.31 美元；其他 0.03 美元）；到岸价 9 美元 /10^6Btu 条件下，财务内部收益率为 12.45%，财务净现值为 3.49 亿美元，投资回收期 15.21 年；具有一定的抗风险能力。

（2）【方案二】开发区稳产 $50\times10^8m^3$，探区上产 $50\times10^8m^3$，合计达到 $100\times10^8m^3$，稳产 7 年；累计投资 89.92 亿美元；平均生产作业费 1.20 美元 /10^6Btu（其中天然气 0.84 美元，管道和 LNG 0.34 美元；其他 0.02 美元）；到岸价 9 美元 /10^6Btu 条件下，财务内部收益率为 18.65%，财务净现值为 17.15 亿美元，投资回收期 7.86 年。

（3）【方案三】一期开发区上产 $100\times10^8m^3$，二期勘探区接替稳产，稳产 12 年；累计投资 89.72 亿美元；平均生产作业费 1.15 美元 /10^6Btu（其中天然气 0.84 美元，管道和 LNG 0.29 美元；其他 0.02 美元）；到岸价 9 美元 /10^6Btu 条件下，财务内部收益率为 21.97%，财务净现值为 23.33 亿美元，投资回收期 6.38 年。

6.2.1.6 风险分析

A 区油气项目运营周期长、不确定因素多，本项目风险因素主要包括政治经济风险、法律合同风险、安全风险、设计风险和其他风险等，根据项目风险等级对各风险简要分析如下：

6.2.1.6.1 政治经济风险分析

政治经济风险是指可能对企业盈利和价值产生不利影响的政府行为或为政治目的所驱动的事件，前者包括从税法、劳工政策更改到资产没收等一系列政府行为，后者包括恐怖主义、战争、政府更迭等。

A 区项目涉及 B 和 C 两个国家，项目所在国家政局的变化、罢工、经济制裁或禁运，以及邻国战争和骚乱等政治因素，均将对项目产生不利影响。

（1）战争、内乱和政权更迭。

战争和内乱是本项目最大的政治风险。政局不稳，如执政党的更换、政权的更迭、政变、暴乱等，会对经营活动造成重大的威胁，严重影响工程项目的正常进行，给公司带来巨大损失。内乱和战争后的政权更迭，不仅使建设现场直接遭受损失，甚至会导致项目终止。即使内乱未造成政权更迭，合同仍然有效，但由于战争或者内乱不得不中止施工，工期被迫拖延，成本提高。停工期间，企业为保护工程、设备、人员等，也会使工程费用大大增加，支付大量额外费用。

（2）恐怖主义、种族冲突、宗教冲突。

恐怖主义、种族冲突和宗教冲突等将直接对海外工程企业及员工安全造成威胁。

（3）国际关系风险。

一个国家的国际关系是影响企业经营活动的重要因素之一。如工程所在国的国家关系紧张可招致封锁、禁运和经济制裁。

（4）政策开放性风险。

当前大多数国家都实行经济开放政策，对于当地注册的外国公司都给予平等待遇。如实行闭锁政策，政策开放性差，对外国公司采取歧视性政策，企业就会遇到一定的困难和风险。

（5）政策法律风险。

A区项目规划在B国西南部的某盆地建设大型油气田，建设B-C长输管道，C国境内建设LNG工厂及相应泊位和工作船码头。

项目的实施受中国政府、B国政府和C国政府三方共同的政策法律约束，尤其是项目所在国B国政府政策法律的变化对项目执行的影响最为直接，主要表现在地区税率、利率、通货膨胀率、汇率波动、进出口管制、外汇管制、签证政策变化等。

政治风险的发生通常无法抗拒，但是如果能采取积极有效的防范措施，则可以有效地避免或降低损失。

首先，项目业主应在项目跟踪前就充分了解项目所在国的政治状况，项目可能遇到的政治风险。在具体实践中可以参照中国出口信用保险公司（简称中国信保）每年定期发布的《国家风险分析报告》，也可以直接到中国驻项目所在国大使馆了解相关情况。也可以依据自身特点和风险识别应对能力，编制本企业的《项目目标国风险分析报告》，对项目目标国的政治风险力求有较为准确的掌控。

其次，建立完善的风险预警管理体系。持续跟踪项目所在国的综合形势变化，随时收集有关权威风险评估机构发布的风险信息，并针对相关风险积极采取应对措施。有效的预警管理系统能够在风险到来之前为企业赢得采取预防措施的时间,减少政治风险造成的危害或损失。

最后,注意维护项目所在地的公众关系,保持企业良好的公众形象。矛盾产生背后往往牵扯利益,项目业主应尽可能加强与东道国各方利益的融合,降低矛盾和风险产生的可能性。例如,适当增加设备材料的当地采购比例,以促进和带动东道国某些行业的发展;推行人力资源本土化策略,在项目建设工程中尽量使用当地劳工,促进工程所在国民众的就业;参与当地公益事业,树立企业良好的社会形象等。

6.2.1.6.2 法律合同风险分析

法律合同风险一方面是合同对方当事人的信誉风险。如果对合作方信誉和实力了解不够,合同订立草率,在项目执行过程中往往会出现合作方地方关系协调不力、项目融资困难等问题,很可能造成项目暂停甚至取消。另一方面风险存在于合同条款中,通常表现为双方的责任划分不清,合同供货范围界定不明确,技术标准不一致,设备选择不当以及付款条款存在漏洞等风险。本项目中,合同风险的防范措施应注意以下几个方面。

(1)掌握合作方的信誉。在签订合同前,项目业主要通过各种信息渠道特别是通过项目所在国的大使馆或领事馆对合作方的资质信誉、项目具体情况等进行详细调查。

(2)吃透招标文件,签订好合同。在招标文件基础上形成的合同是业主、承包商和监理工程师之间处理纠纷的准则。项目业主必须认真研究招标文件,分析合同条件,特别关注合同变更及索赔的可能性,以便在报价时准备合理的风险费用。工程承包合同一般都允许在发生不可预见的情况时进行合同变更和索赔,对企业损失给予补偿,但是不同合同约定的允许变更和补偿的范围并不相同。合同中除了合作方所承担的风险外,工程承包企业要承担施工阶段的大部分风险,这部分风险可能导致的损失必须在工程索赔中得到补偿。

(3)合理、及时、准确使用合同索赔条款。在施工阶段,索赔是最常见的将损失责任转移给其他单位的有效手段。例如,对于工期较长的建设工程,承包方可能会因设备、材料价格上涨而导致损失,也会因为合作方的原因导致施工进展比原计划缓慢,承包方可以以此要求在合同条款中写明转移责任条款，约定若因业主原因致使设备材料费用增加或工期延长，合同价额须相应上调或者将合同约定的完工日期顺延，从而将潜在的损失风险转移给业主。

（4）签订好分包合同，合理下移合同风险。在大型EPC国际工程承包项目中，往往存在着大量的分包合同，这包括工程分包合同、设备或材料采购分包合同、物流服务合同和设计服务合同等。由于总承包商对分包商的合同执行向业主承担全部责任，承包商必须谨慎地选择分包商，并签订好分包合同，将总承包合同中的责任和义务合理地下移给各个分包商，以降低自身的合同风险。

6.2.1.6.3　安全风险分析

A区项目的安全风险主要指社会环境下的政治风险，政治风险是指东道国国内的政治事件以及东道国与第三国政治关系变化给跨国投资企业经济利益带来不利影响的可能性。部分发展中国家政局不稳、政权更迭、宗教、民族冲突此起彼伏，甚至爆发内战造成国家分裂，这些都会给海外项目带来风险。如地区冲突与恐怖活动、地方民族分裂势力排外行为和武装分子绑架勒索。

B国位于非洲东北部，是非洲联盟成员国，也是世界最不发达国家之一。B国政府坚持一个中国立场，重视对华关系，两国签有贸易、经济技术合作、文化合作等协定。同时，B国政府重视对美关系，是接受美援最多的非洲国家之一，美国视B国为非洲反恐合作伙伴。

C国位于非洲东北部亚丁湾西岸，战略位置十分重要，国内有美军在非洲最大的军事基地和法军在海外最大的军事基地。国内自然资源贫乏，工农业基础薄弱，政局不稳，是世界上最不发达国家之一。

C国注重保持同法国的传统关系，积极配合美国在非洲之角反恐，与日本关系逐渐升温，法国、美国、日本三国在C国建有军事基地。

B、C两国双边关系良好，高层交往频繁，定期举行双边磋商，签署了安全、港口、贸易、投资等25项合作协议。但是B国与邻国曾因领土争端两度交战，并于1977年断交。1988年两国签订关系正常化协议，恢复互派大使。

A区项目建设实施过程中，业主应充分考虑上述安全风险，重视项目安全风险评估。

一要建立安全风险信息评估制度。通过国际 SOS 组织进行安全风险评估，从驻外使领馆、合作伙伴等多种渠道，收集项目所在国的安全风险信息，进行分析与评估。定期发布安全形势周报和安全预警信息，指导项目公司做好安全预防工作。

二要加强防恐应急管理体系建设，防止突发事件发生。加大安全防恐培训力度。建立完整、系统的安全防护制度和措施，并大力落实制度的监督、检查体系，及时敏锐地发现异常情况、积极采取有效的防范措施。配备足够的通信和报警、监视设备。与所在国大使馆保持密切联系，与所在国相关机构和人员做好沟通，及时掌握所在国和项目周边安全形势，并与在同一国家或地区的其他中资企业交流信息，互相学习和借鉴好的安全防范措施。

三要推进用工属地化进程。发挥外籍员工语言精通、熟知当地风俗习惯和法律法规等优势，有效降低成本，防范安全风险。通过用工属地化为当地提供大量的劳动就业机会，与地方政府建立良好的合作关系，保障工程项目顺利实施。遵守当地法律，建立友好合作关系。尊重当地的文化、历史、宗教、风俗、价值观，最大限度地减少企业和当地社会的文化冲突，积极参加项目所在国和地区的公益活动，与项目当地社区、行业、雇员和谐相处，共同创造社会价值，营造和谐和利的社会发展环境。

6.2.1.6.4 设计风险分析

各项工程设计对本项目的投资决策、方案确定、工程质量、施工进度，甚至项目成功与否都具有决定性作用。设计风险主要包含设计内容不全，缺陷设计、错误和遗漏、规范不恰当以及对国际通用及项目所在国的设计规范不熟悉等。

（1）做好设计方案的比选工作。工程项目的方案阶段和初步设计阶段必须认真推敲、集思广益，业主、企业和设计单位均要认真研究方案的科学性、经济性、可行性。

（2）严格执行设计过程的校审程序。设计校审程序对设计产品的质量控制和风险控制起着关键作用，专业之间在设计内容上必须互相衔接，彼此协调，整体一致。设计单位在施工图阶段一定要做好设计图纸的校核和审查工作，尽量避免设计图纸中出现一些可预见性错误，比如图纸的错、漏、碰、缺等情况。

（3）要做好施工阶段设计交底和图纸会审。为使参与工程建设的各方了解工程设计的主导思想、建筑构思和要求、采用的设计规范、掌握工程关键部分的技术要求，设计单位必须依据本国和项目所在国家设计规范的规定，对施工图纸进行系统设计交底，组织业主、监理、总承包商等单位对设计图纸进行会审。

6.2.1.6.5 其他风险分析

其他风险主要包括资源风险、市场风险、融资风险、施工风险、运营成本费用风险、地质条件风险、气候条件风险和项目实施中的管理风险等。

（1）资源风险。本项目为资源开发与利用项目，矿产资源的储量、品位、可采储量与原预测结果发生偏离，将直接影响项目财务效益。

（2）市场风险。LNG外输市场的不确定性。

（3）融资风险。项目资金来源、贷款利率、还款方式、供应量与供应时间等。

（4）施工风险。油气勘探开发过程中钻井施工工艺选择、技术人员操作熟练程度、对施工现场自然条件、油藏地质状况、风俗民情等的认知、与周围自然环境、社会环境的协调程度、项目环保措施是否得当等。

（5）运营成本费用风险。项目实施地点为海外国家，建设投入的各种原料、材料、燃料、动力的需求量与预测价格、劳动力工资、各种管理费取费标准、组织管理结构的完善性等。

（6）地质条件风险。对于一个工程，特别是大型工程来说，工程地基条件非常重要，对于施工企业来讲，如在地基土方开挖过程中发现现场地质条件与勘测报告或设计不符，施工时超填超挖工程量并造成工期拖延等。

（7）气候条件风险。对于当地自然气候条件估计不足所产生的问题，如酷暑、多雨和大风等恶劣天气造成的施工成本增加或工期拖延。

海外项目环境陌生，项目建设实施过程中，从项目跟踪、前期论证、投标报价、到开工建设、生产运营的各个环节都存在着各种风险，如项目所在国政治经济风险、投标报价风险、法律合同风险、人力资源风险、履约风险、财务风险、技术风险、管理风险、自然条件风险，以及资源风险、市场风险、施工风险和运营风险等众多风险因素。项目业主应对项目实施过程中可能遇到的各种风险因素充分考虑、评估，制定相应的风险应急机制和应急措施，确保项目按照规划目标顺利实施，达到预期的收益指标。

6.2.2 油气开发矿费税收制合同

选用H公司在D国M油田R油层开发方案做实例，阐述油气合作开发项目中，矿费税收制合同模式的经济评价方法操作过程。

6.2.2.1 项目概况

M油田R油层原油地质储量$738.99\times10^4m^3$，油藏为岩性构造、中—薄互层层状、边水油藏，油品性质为稠油。

M油田R油层油藏工程方案选择适合蒸汽吞吐井段大于15m区域，动用储量$316.22\times10^4m^3$，按150m×150m方形井网部署31口，单井控制储量为$10.2\times10^4m^3$。第一年进行井组试验4口，第二年建成27口；最高年产$11.44\times10^4m^3$，采油速度3.60%，10年累计产油$67.77\times10^4m^3$，采出程度21.43%，累计油汽比$1.34m^3/m^3$，累计回采水率64%（表6-15）。

表6-15 M油田R油层蒸汽吞吐开发指标表

年份	油井数（口）	年产油（10^4m^3）	年产液（10^4m^3）	年注汽（10^4m^3）	油汽比（m^3/m^3）	采出程度（%）
1	4	1.51	1.76	0.72	2.09	0
2	31	11.44	13.38	5.73	2.01	4.08
3	31	9.27	11.47	5.63	1.84	7.03
4	31	7.36	9.81	0.96	2.27	9.35
5	31	7.15	9.81	6.47	1.88	11.61
6	31	6.74	9.83	1.1	2.11	13.74
7	31	6.48	10	8.71	1.7	15.79
8	31	6.23	10.3	8.56	1.48	17.76
9	31	6.02	11.45	1.46	1.58	19.66
10	31	5.59	12.59	11.3	1.34	21.43
合计		67.77	100.4	50.63		

6.2.2.2 合同主要商业条款

（1）作业期限和义务工作量。

区块勘探作业期为 5+3+3 年，开发期为 25+25 年。区块作业合同于 1999 年 3 月 23 日生效，第一勘探延长期已于 2008 年 1 月 23 日结束。

第一个勘探期为 5 年，义务工作量为二维地震 2500km，探井 3 口；第一、第二勘探延期分别为 3 年，义务工作量相同，均为 3 口探井和相应地震工作量。

（2）开发许可证期限。

如果一个油田具有商业价值，可申请油田开发许可证。开发许可证有效期为 25 年，与政府协商后可进行一次延期，延长期期限亦为 25 年。

（3）矿费。

原油矿费 12.5%（以原油或现金方式支付）；天然气矿费 5%（以现金方式支付）。原油矿费不包括满足乍得政府国内市场需要而销售的原油数量，按现金支付时使用的价格为井口价格。

（4）所得税。

所得税税率为 50%。

（5）国内市场供给义务。

如果政府所持有的全部原油份额不能满足国内市场的原油需求，H 公司应向政府优先销售其生产的原油以满足国内石油消费需求，比率上限为 H 公司总产量占 D 国原油产量的百分比。销售给政府原油每桶价格为油田井口价加到交油点的运输费用再加 0.3 美元，除非双方另有约定。H 公司无需为这部分原油缴纳任何矿费及所得税。

（6）财产所有权。

自本合同或某开发许可证到期或解除之日，以及土地返还政府之日起，H 公司所有财产，动产及不动产，都无偿转归政府所有。

（7）原油价格。

原油价格以每桶原油的美元价格表示，按市场价格进行销售，这里的原油价格为交油点价格（Market Price at the Delivery Point）。

（8）亏损弥补。

自开始商业生产的第一个会计年度起，发生的年度亏损，可以用下一纳税年度的所得弥补；下一纳税年度的所得不足弥补的，可以逐年延续弥补，但是延续弥补期最长不得超过五年。如有特殊情况，H公司和D国石油部可通过协议方式、就上述5年期限进行适当延长。

（9）折旧。

所有资产采用直线法折旧。

所有的勘探、生产及非生产井钻探，以及所有修建的道路，折旧年限为1年；地上输油管线折旧年限为10年；地下输油管线折旧年限为5年。

永久性建筑物折旧年限为20年，所有的其他投资支出折旧年限为5年。

（10）境外管理费。

在D国发生的、列入石油成本的管理费用，应按石油成本的一定百分比封顶计算。该百分比应当与H公司的作业者向其他H公司成员回收成本所采用的百分比一致。

（11）财务费用。

利息费用以及其他财务费用可以列入用于确定直接利润税的可扣减石油成本。但不得超过类似条件下适用的商业利率，且应与H公司出于对油田进行商业开发（勘探作业及评价工作除外）的需要而在本合同框架内获得的贷款和信贷有关。H公司与其关联公司之间发生的有关勘探费用都不应计算利息。

6.2.2.3 投资估算

投资估算包括钻井工程、采油工程、地面工程三部分。

（1）钻井工程投资。

M油田R油层开发方案部署油井31口，单位钻井成本1185美元/m（表6-16），总进尺1.8290×10^4m，钻井投资2167万美元。

表6-16 M油田R油层钻井工程单位成本概算表

序号	项目名称	金额（美元）	单位成本（美元/m）
	合计	699150	1185
一	钻井工程	470230	797.00
（一）	钻井日费	189272	320.8

续表

序号	项目名称	金额(美元)	单位成本(美元/m)
(二)	燃料费	24308	41.2
(三)	钻井液	95580	162
(四)	其他费	161070	273
二	固井工程费	94636	160.4
(一)	固井作业及材料费	37288	63.2
(二)	套管	57348	97.2
三	录井工程	28084	47.6
四	测井工程	106200	180.00

(2)采油工程投资。

M 油田 R 油层开发方案采油工程投资为 1046 万美元(表 6-17)。

表 6-17 M 油田 R 油层采油工程投资概算表

设备名称	单位	规格	单价(万美元)	数量	总价(万美元)
抽油机	台	CYJ-8-3-37HB	6.4285	31	199.26
隔热管	m	YG114mm×62mm×16D	0.02	2000	40
油管	m	ϕ88.9mm	0.0035	17050	59.675
抽油泵	个	ϕ57mm	1.5	31	46.5
伸缩管	根	JRB-127/62-3K	0.8	16	24.8
抽油杆	m	ϕ25.4mm	0.001	3100	3.1
抽油杆	m	ϕ22mm	0.0009	12400	11.16
热采井口采油树	套	KR21-370	3	6	18
生产井口采油树	套	KY-21L1	2.0	31	62
热力封隔器	个	7in 套管	0.9	31	27.9
射孔费	m		0.3	496	148.8
射孔作业费	井次		4	31	124
投产(注)作业费	井次		6	31	186
不可预见费		按上述各项费用总数的 10% 计算			95.12
总计					1046.315

(3)地面工程投资。

方案设计在 M 油田扩建 FPF 一座，新建独立 OGM 三座，分别设置在 MR-12、MR-21、MR-27 处；注汽采用移动锅炉；油田内部集输管道、供水管道、供电线路与道路成廊带布置。

M 油田 R 油层开发方案地面工程投资 4325 万美元（表 6-18）。

表 6-18　M 油田 R 油层地面投资估算表

序号	项目名称	投资（万美元）
1	工程费用	3058
1.1	油气集输管道	200
1.2	三座 OGM	968
1.3	FPF 扩建	1127
1.4	供水管道	18
1.5	移动注汽锅炉	132
1.6	采油井场	480
1.7	电力线路	96
1.8	通信线路	8
1.9	道路	27
2	其他费用	703
3	预备费	564
	合计	4325

(4)总投资。

M 油田 R 油层开发方案总投资为钻井工程、采油工程、地面工程投资之和，为 7539 万美元。

6.2.2.4　作业成本估算

作业成本由操作成本、境外管理费、财务费构成。其中操作成本 12 美元 /bbl；境外管理费按占石油成本的一定百分比封顶计算。当年可回收费用小于 500 万美元按照 4% 计提，（500~1000）万美元按照 3% 计提，超过 1000 万美元的部分按照 2% 计提。财务费：为生产期间固定资产贷款利息。

M 油田 R 油层评价期内预计发生作业成本 9000 万美元，平均单位作业成本 21.5 美元 /bbl（表 6-19）。

表 6-19　M 油田 R 油层作业成本测算表

项目	建设期及生产期										
	第1年	第2年	第3年	第4年	第5年	第6年	第7年	第8年	第9年	第10年	合计
操作成本（万美元）	114	863	700	555	540	508	489	470	454	422	5115
财务费（万美元）	32	277	453	438	436	436	436	405	356	311	3580
境外管理费（万美元）	6	38	38	35	34	33	33	31	29	27	304
合计（万美元）	152	1178	1190	1028	1010	978	958	907	840	759	9000
单位作业成本（美元/bbl）	16.3	16.7	20.8	22.7	22.9	23.6	24.0	23.6	22.6	22.1	21.5

6.2.2.5　财务评价

6.2.2.5.1　经济评价参数选取

（1）原油价格及商品率。

原油价格按井口价 50 美元 /bbl，原油的商品率为 98%。

（2）折旧。

按直线法折旧，综合折旧年限为 5 年。

（3）财务费用。

本项目的建设投资 2010 年以前全部按自有资金，2011 年开始开发投资全部按贷款处理，贷款利率按 LIBOR＋4%，LIBOR 按 2.5% 计算。借款偿还期按 6 年计算。

（4）基准收益率。

基准收益率为 12%，折现率取 10%。

6.2.2.5.2　经济评价结果

M 油田 R 油层评价期内总销售收入 20887 万美元；总矿费 2611 万美元（表 6-20）。通过现金流计算（表 6-21、图 6-4）M 油田 R 油层开发方案在建设投资全部为贷款条件下，经济评价指标未达到合同规定标准：税后财务净现值 -1230 万美元，内部收益率 1.9%，投资回收期 8.8 年（表 6-22）。

表6-20 M油田R油层开发方案收入及矿费测算表

项目	建设期及生产期										合计
	第1年	第2年	第3年	第4年	第5年	第6年	第7年	第8年	第9年	第10年	
原油产量（10^4t）	1.5	11.4	9.3	7.4	7.1	6.7	6.5	6.2	6.0	5.6	67.8
原油商品量（10^4t）	1.5	11.2	9.1	7.2	7.0	6.6	6.3	6.1	5.9	5.5	66.4
销售收入（万美元）	466	3525	2856	2267	2203	2076	1996	1919	1855	1722	20887
矿区使用费（万美元）	58	441	357	283	275	260	250	240	232	215	2611

表6-21 M油田R油层开发方案现金流量表　　单位：万美元

项目	建设期及生产期										合计
	第1年	第2年	第3年	第4年	第5年	第6年	第7年	第8年	第9年	第10年	
一现金流入	466	3525	2856	2267	2203	2076	1996	1919	1855	1722	20887
销售收入	466	3525	2856	2267	2203	2076	1996	1919	1855	1722	20887
二现金流出	1262	8712	1553	1333	1309	1261	1230	1201	1170	1387	20418
投资	973	6566									7539
作业成本	152	1178	1196	1049	1033	1001	981	962	938	837	9327
矿区使用费	58	441	357	283	275	260	250	240	232	215	2611
所得税	79	528								335	942
三净现金流量	-796	-5187	1303	934	895	816	766	718	685	335	468
四累计净现金流量	-796	-5983	-4680	-3745	-2851	-2035	-1269	-551	134	468	468

表 6-22　M 油田 R 油层开发方案主要经济指标汇总表

序号	项目	单位	数值
1	建设投资	万美元	7539
1.1	开发井投资	万美元	2167
1.2	地面工程投资	万美元	4325
1.3	采油工程投资	万美元	1046
2	单位作业成本	美元/bbl	22
3	收入及利润		
3.1	销售收入	万美元	20887
3.2	矿区使用费	万美元	2611
3.3	所得税	万美元	942
3.4	净利润	万美元	942
4	中国石油效益		
4.1	投资财务内部收益率	%	1.9
4.2	财务净现值	万美元	−1230
4.3	投资回收期	a	8.8
4.5	累计净现金流量	万美元	468
4.6	最大负现金流量	万美元	−5187

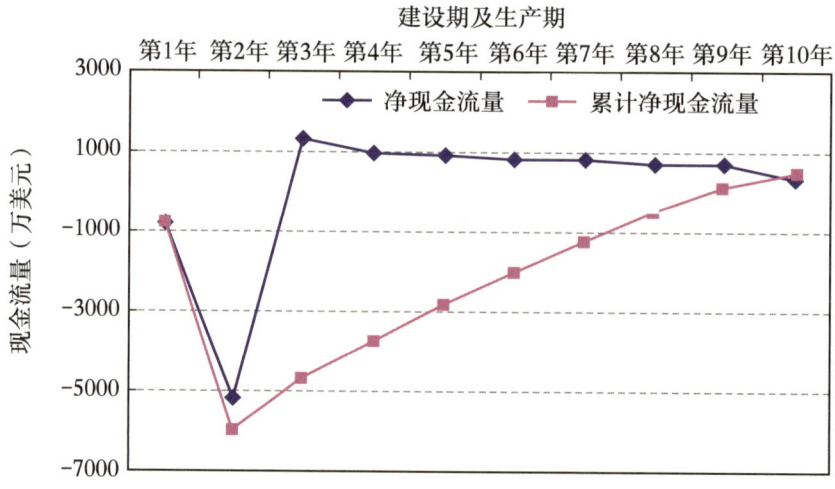

图 6-4　M 油田 R 油层开发方案现金流量曲线

当价格增加 22.2%，井口达到 61.1 美元 /bbl；或原油产量增加 31.0% 时，M 油田 R 油层开发方案的投资财务内部收益率达到 12%。

6.2.2.5.3　评价结论

（1）M 油田 R 油层建设投资为 7539 万美元，评价期内预计发生生产作业成本 9000 万美元，平均单位生产作业成本 21.5 美元 /bbl。

（2）M 油田 R 油层开发方案的经济评价指标未达到合同规定标准：税后财务净现值 -1230 万美元，内部收益率 1.9%，投资回收期 8.8 年。

（3）当价格增加 22.2%，井口达到 61.1 美元 /bbl；或原油产量增加 31.0% 时，M 油田 R 油层开发方案的投资财务内部收益率达到 12%。

7 地下储气库建设项目经济评价方法与实例

地下储气库是将长输管道输送来的商品天然气重新注入地下空间而形成的一种人工气田或气藏，具有库容量大、调峰能力强、安全性好等特点。

地下储气库是天然气"产、运、储、销、用"业务链五大环节之一，集季节调峰、事故应急供气、国家能源战略储备等功能于一身，是保障管道安全平稳供气和国家能源安全的重要手段[28]。中国从20世纪90年代开始开展地下储气库研究设计工作，于2000年建成第一座油气藏型地下储气库——大张坨储气库[29]。之后，2018年第一座盐穴型地下储气库——金坛储气库建成投产，2020年第一座含水层型储气库——马19储气库进入可研阶段。截至2020年8月底，国内已建成地下储气库27座，其中油气藏型26座、盐穴型1座，国内储气库总调峰能力约$120\times10^8m^3$，约占国内2019年天然气消费量的4%，远低于12%~15%的世界平均水平。因此，加大地下储气库建设，提高天然气调峰能力，对缓解国内天然气供需紧张局面，保障民生具有重要的意义。

7.1 地下储气库主要类型

目前典型的地下储气库有三种类型，即油气藏型、盐穴型、含水层型。

（1）油气藏型储气库是利用枯竭的气层或油层而建设的储气库，是目前常用的地下储气形式，具有建设周期短且成本低、运行可靠、垫底气可部分回收的特点。如辽宁双6储气库、河南文96储气库、重庆相国寺储气库、新疆呼图壁储气库和陕西陕224储气库。

（2）盐穴型储气库是在地下盐层或盐丘中，通过水溶解盐产生空穴形成人造地下空间而建设的储气库，具有调峰能力强，生产效率高，垫底气用量少且可全部回收的特点。如江苏金坛储气库。

（3）含水层型储气库是用高压气体注入含水层的孔隙中将水排走，并在非渗透性的含水层盖层下直接形成储气空间而建设的储气库，具有建设周期长、垫底气用量大且回收率低、建设成本相对较高的特点。如在建的辽宁马19储气库。

7.2 地下储气库建设项目经济评价方法

地下储气库建设项目经济评价是在地质与气藏工程方案、钻采工程方案、地面工程方案的基础上，对拟建储气库建设项目的财务可行性和经济合理性进行全面分析论证的一种方法[30]。

储气库项目经济评价方法为折现现金流量法。即在考虑资金时间价值的条件下，根据项目在评价期内各年现金流量，对其经济效益进行分析、计算和评价，并计算达到基准收益率时的储转费指标，低于行业标定储转费为经济可行。

储气库项目经济评价方法的特点是重视方案的技术经济比选，地上地下一体化分析，重视项目达容率、调峰气量的风险分析。

储气库项目经济评价工作流程分七个步骤[31]，即预测开发指标→建立参数体系→估算投资→测算成本费用→估算营业收入及税金→计算经济评价指标→不确定性分析。

7.2.1 依据开发方案预测开发指标

根据项目开发方案，确定基础工作量。针对油藏工程方案，主要掌握油气层埋深和储层特征，建设周期、设计的库容、注采井网、注采井数、注采天数、工作气量、调峰气量、注（采）规模、年产出量、年注入量等开发综合指标预测结果，以及垫底气估算和老井利用工作量；针对钻井工程方案，要掌握新井井型、钻井进尺、井身结构、完井工艺等设计指标；针对采油工程方案，需要掌握注入工艺、举升工艺、监测工艺和配套工艺设计结果；针对地面工程方案，要掌握注入系统、集输系统、供水系统、自控系统、供电系统和通信系统的设计结果。

7.2.2 建立经济评价参数体系

以开发方案为基础，建立技术参数体系，包括注采气量指标。以国家法律法规为基础，依据企业财务管理制度和经营策略，建立经济参数体系，包括产品价格、评价期和税费规定。其中税费主要包括增值税、城市维护建设税、教育费附加、资源税、所得税等。

7.2.3 依据设计工作量估算总投资

储气库项目总投资包括建设投资、建设期利息和流动资金。

7.2.3.1 建设投资

建设投资包括前期评价费、工程投资、垫底气费、利用已有设施价值（盐穴型储气库为原有资产购置费）。不同类型的储气库，建设投资结构有所差异。

（1）前期评价费指对建库条件进行前期研究所发生的费用。包括必要的地震采集及处理费、评价井费、测试费、先导试验费、地质研究费等。

（2）油气藏型储气库工程投资包括钻采工程投资、地面工程投资、联络线管道工程投资。钻采工程投资由新井钻采工程投资和老井处理工程投资构成；联络线管道工程投资是指气源到储气库之间的管道投资。盐穴型储气库工程投资包括钻采工程投资、造腔工程投资、注气排卤工程投资、地面工程投资、联络线工程投资。造腔工程投资又包括新腔造腔工程投资和老腔改造投资。

（3）垫底气费指将产生垫底气发生的费用。垫底气是指需要填充到储气层中，并在运行期间长期留在储气库中的天然气。其目的是使储层保持一定的压力,以保证按时能从储气库中采出所需要的天然气量。

油气藏型储气库垫底气包括剩余可采储量和补充垫底气。剩余可采储量价值按评估标定值计算,或者按剩余可采储量和储气库所在地的天然气出厂价计算;补充垫底气投资按注入量和补充垫底气价格计算,补充垫底气价格包括气源价格加上从气源到达储气库的管输费及注入成本。

盐穴型储气库全部为从外部购气注入到储气库中的补充垫底气,其费用按照注入量和补充垫气价格计算,补充垫气价格包括气源价格加上从气源到达储气库的管输费及注入成本。

(4)利用已有设施价值是指设计利用的已有设施(包括注采井和地面设施)的账面固定资产净值。

盐穴型储气库原有资产购置费是指老腔收购、矿权获得等费用。

7.2.3.2 建设期利息

在建设投资分年计划的基础上,根据融资方案,对采用债务融资的储气库建设项目计算建设期利息。

储气库项目建设期利息应在油藏、钻采和地面工程投资估算的基础上统一计算。估算建设期利息,需要根据项目进度计划,提出建设投资分年计划,列出各年投资额,同时应根据不同情况选择名义年利率或有效年利率。对于分期建成投产的项目,各期发生的投资作为项目建设投资的组成部分,按各期建设时间计算借款的利息费用,作为建设期利息予以资本化。

7.2.3.3 流动资金

流动资金是指运营期内长期占用并周转使用的资金,等于流动资产与流动负债的差额。项目经济评价中,流动资产的构成要素通常包括存货、现金、应收账款和预付账款。流动负债的构成要素一般只考虑应付账款和预收账款,而预付账款和预收账款难于预测,简化计算可不予考虑。流动资金的估算一般采用扩大指标法和详细估算法。

(1)扩大指标估算法。通常采用正常年份经营成本的15%~20%。

(2)详细估算法。对流动资产与流动负债的主要构成要素分项进行估算,编制"流动资金估算表",首先确定各分项最低周转天数,计算出周转次数，然后进行分项估算。

7.2.4 依据生产指标测算总成本费用

总成本费用指储气库项目在运营期内为注采生产所发生的全部费用。由运行成本、折耗和期间费用构成；期间费用包括管理费用、财务费用、营业费用。

7.2.4.1 运行成本

储气库运行成本包括固定性成本、注气费用、采气费用、损耗。运行成本估算有两种方法，即相关因素法和设计成本法。

（1）相关因素法。即根据驱动各项运行成本变动的因素以及相应的费用定额估算运行成本。成本动因包括井数、注气量、采气量、定员等，费用定额的取定应参考相似储气库的运行成本数据并综合考虑储气库的位置、地面工艺流程、气藏物性等因素。

（2）设计成本法。即根据每项成本的预测消耗量和相应的价格进行估算。运行成本采用不含增值税的指标计算。

7.2.4.1.1 固定性成本

固定性成本包括人员费用、井下作业费、维护修理费、监测费、厂矿管理费。

（1）人员费用指直接从事于储气库运行生产人员的工资、福利、奖金、津贴和补贴、工会经费、教育经费、社会保险、商业人身保险、住房公积金、独生子女费等，按设计定员和人均费用指标计算。

（2）井下作业费指维持注采气井正常生产必须进行的作业，按作业井数和单井费用指标计算。

（3）维护修理费指为了维持储气库地面系统的正常运行，对固定资产地面设施设备进行维护、修理所发生的费用，按地面设施投资的一定比例计算。

（4）监测费指气库生产过程中为掌握储气库地下动态所发生的监测费用，按井数和单井费用指标计算。

（5）厂矿管理费指储气库生产管理部门为组织和管理生产所发生的管理性支出，按设计定员和人均费用指标计算。

7.2.4.1.2 注（采）气费用

注（采）气费用包括材料费、燃料费和动力费。

（1）材料费指注（采）气过程中，直接消耗于气井、注采气站以及其他生产设施的各种材料的费用，按注（采）气量和单位气量费用指标计算。

（2）燃料费指注（采）气过程中，直接消耗于气井、注采气站以及其他生产设施的各种燃料的费用，按设计消耗量和价格计算。

（3）动力费指注（采）气过程中，直接消耗于气井、注采气站以及其他生产设施的电力等的费用，按设计消耗量和价格计算。

7.2.4.1.3 损耗

盐穴储气库损耗量是指地质构造泄漏损耗、卤水携带气量损耗和地面系统损耗[32]。油气藏型储气库损耗量是指从构造溢出点逃逸、断层或盖层扩散或溶解的气量、凝析液携带气量损耗和地面系统损耗。损耗率根据气库类型和地质条件确定。

7.2.4.2 折耗

损耗指为补偿储气库资产在生产过程中的价值损耗而提取的补偿费用。

根据现行规定，折耗采用平均年限法计算。固定资产分为井、压缩机和地面设施，按不同的年限计提折耗。

7.2.4.3 期间费用

期间费用包括管理费用、财务费用、营业费用。

（1）管理费用。

管理费用指储气库管理部门为管理和组织生产经营活动所发生的各项费用。为简化计算，管理费用分为摊销费、安全生产费和其他管理费三部分。

①摊销费。无形资产、其他资产摊销从开始使用之日起分期摊销。前期评价费用、垫底气费形成其他资产，按照规定的年限进行摊销。

②安全生产费。根据财政部、安全监管局关于印发《企业安全生产费用提取和使用管理办法》的通知（财企［2012］16号）及企业相关规定的提取标准计算。

③其他管理费是指管理费用中除摊销费以外的部分。根据管理费用的构成和变动规律，以全部定员为基础进行估算。

（2）财务费用。

财务费用指项目筹集资金在运营期间所发生的各项费用，包括利息支出和其他财务费用。

（3）营业费用。

营业费用是指企业在销售商品和提供劳务过程中发生的各项费用以及专设销售机构的各项经费，包括应由企业负担的运输费、装卸费、包装费、保险费、委托代销手续费、广告费、展览费、销售部门人员工资及福利费、差旅费、办公费、折旧费、修理费、物料消耗和低值易耗品摊销等，按营业收入的一定比例计算。

值得注意的是，根据项目经济评价需要，常常需要计算经营成本，以及固定成本和可变成本。储气库项目经营成本由运行成本、安全生产费、其他管理费用和营业费用构成；固定成本包括固定性成本、折耗费、摊销费、其他管理费用和财务费用；可变成本包括注气费用、采气费用、损耗、安全生产费和营业费用。

7.2.5 估算营业收入及税金

7.2.5.1 营业收入

营业收入是地下储气库建设项目通过提供天然气存储服务取得的收入，根据天然气调峰气量和储转费计算。

$$营业收入 = 调峰气量 \times 储转费 + 副产品收入 \qquad (7-1)$$

副产品收入主要指天然气凝液、轻烃等回收的收入，在具体操作中，根据权属确定是否作为项目收入。

7.2.5.2 销售税金及附加

储气库建设项目经济评价涉及的税费主要包括增值税、城市维护建设税、教育费附加、所得税等。

城市维护建设税、教育费附加和资源税构成营业税金及附加，增值税只作为计算相关税额的依据。税种的税基和税率选择，根据相关税法和项目的具体情况确定。如有减免税优惠，应说明依据及减免方式。

7.2.5.3 回收垫底气余值

根据盐穴型储气库垫底气在评价期末可以全部采出，油气藏型储气库和含水层型储气库垫底气可以部分采出的特性，视同可销售天然气回收余值。可回收垫底气销售价格按照气源价格扣减采出成本。

$$回收垫底气余值 = 可采垫底气量 \times 销售气价 \qquad (7-2)$$

7.2.6 计算经济评价指标

编制现金流量表，计算内部收益率、财务净现值、投资回收期、储转费等效益指标，考察项目盈利能力。

（1）内部收益率。项目在整个计算期内，各年净现金流量的现值累计等于零时的折现率。当内部收益率大于或等于行业基准收益率时，项目具备经济可行性。

（2）财务净现值。按目标收益率或设定的折现率，将计算期内各年净现金流量折现到建设期初的现值之和。在设定的行业基准收益率下，当财务净现值等于或大于零时，项目具备经济可行性。

（3）投资回收期。以项目净收益抵偿全部投资所需要的时间，用于考察项目在财务上回收投资的能力。

（4）储转费。计算满足投资获得基准回报、支付成本前提下，供应每立方米调峰天然气应收取的储气费用。当储转费小于或等于行业基准值时，项目具备经济可行性。

储转费计算公式为

$$F = \frac{\sum_{t=1}^{n}(CO_t - R_f - R_b - S_v - W)_t(1+i_c)^{-t}}{\sum_{t=1}^{m}Q_t(1+i_c)^{-t}} \qquad (7-3)$$

式中　F——项目储转费；

　　　CO_t——第 t 期的现金流出量；

　　　R_f——副产品营业收入；

　　　R_b——补贴收入；

　　　S_v——回收的固定资产余值；

W —— 回收的流动资金；
Q_t —— 第 t 期的调峰气量；
i_c —— 项目预期收益率；
n —— 项目计算期。

7.2.7 不确定性分析

不确定性分析包括盈亏平衡分析和敏感性分析。

7.2.7.1 盈亏平衡分析

盈亏平衡分析是通过盈亏平衡点，分析项目成本与收益的平衡关系。各种不确定因素（如储转费、调峰气量、建设投资、经营成本等）的变化会影响投资方案的经济效果，当这些因素的变化达到某一临界值时，就会影响方案的取舍。

盈亏平衡分析的目的就是找出临界值，即盈亏平衡点，判断投资方案对不确定因素变化的承受能力，为决策提供依据。

7.2.7.2 敏感性分析

敏感性分析是从多个不确定性因素中，逐一找出对投资项目经济效益指标有重要影响的敏感性因素，并分析和测算其对项目经济效益指标的影响程度和敏感性程度，进而判断项目承受风险的能力。

若某参数的小幅度变化能导致经济效益指标的较大变化，则称此参数为敏感性因素，反之则称其为非敏感性因素。

7.3 地下储气库建设项目经济评价实例

HJD 储气库是一个油气藏型储气库。油气田投产于 1970 年，共有油井 100 口，天然气井 37 口，注水井 34 口；目前油井开井 28 口，气井开井 3 口，注水井开井 6 口；累计产油 $98.68 \times 10^4 \text{t}$，累计产气 $24.48 \times 10^8 \text{m}^3$，可采储量采出程度已大于 90%。

7.3.1 方案设计要点

注气系统：外来气进入联络站计量后，通过双向输气管道输送至

HJD储气库集注站，经注气压缩机增压后，通过注采气管网输至井场，计量后注入地下储气库储存。

采气系统：井口采出天然气，经注采集输管道输至HJD储气库集注站进行脱水、脱烃处理合格后，通过双向输气管道送至分输站。

库容设计：总库容$25.76\times10^8m^3$，其中垫底气量$11.54\times10^8m^3$，工作气量$14.22\times10^8m^3$。垫底气中，剩余可采储量$1.13\times10^8m^3$，尚需补充附加垫底气量$4.11\times10^8m^3$。

注采井网：部署注采井42口，其中新钻水平井4口、直井36口，利用老井2口。

生产运行：建设期为2020年至2022年，2024年达容达产。日注气规模$1100\times10^4m^3$，日采气规模$1500\times10^4m^3$；运行周期为采气期120天，注气期180天，平衡期65天，用于测压取资料和设备检修。

7.3.2 投资估算

油气藏型储气库项目总投资包括建设投资、建设期利息和流动资金。

7.3.2.1 建设投资

建设投资包括前期评价费、工程投资、垫底气费。

前期评价费：包括取心分析及化验、精细地质研究、开发效果分析、注采方案设计、地应力建模专题研究、微地震监测方案设计，共计1561万元。

工程投资：包括微地震监测费、钻采工程投资和地面工程投资（不含联络线投资），共计375730万元。其中微地震监测费3000万元，钻采工程投资150114万元（新井钻井工程96866万元、注采工程26865万元、老井处理工程26363万元），地面工程投资：209614万元（工程费163630万元，其他费30457万元，预备费15527万元）。

垫底气费：包括剩余可采储量价值和补充垫底气费。评估标定剩余天然气可采储量$1.13\times10^8m^3$，计算剩余储量价值为12509万元；补充垫气量为设计下限压力对应的气量与建库时气藏剩余气量的差值，设计2022年形成垫底气$4.11\times10^8m^3$，经计算补充垫底气投资61897万元。

7.3.2.2 建设期利息

本项目建设期 2 年，建设期利息为 11615 万元（储气库部分 10466 万元，联络线部分 1149 万元）。

7.3.2.3 流动资金

流动资金采用详细估算法，周转天数为应收账款 45 天、外购材料燃料动力 20 天、在产品 100 天、产成品 30 天、现金 30 天、应付账款 45 天，估算流动资金为 17569 万元。

7.3.2.4 项目总投资

该项目总投资 516049 万元，其中：建设投资 486865 万元，建设期利息 11615 万元，流动资金 17569 万元。单位工作气量建库投资 3.09 元 /m^3、工程投资 2.5 元 /m^3。

7.3.3 融资方案要点

本项目建设投资 60% 为自有资金、40% 为银行贷款，贷款利率按 4.9% 计算。流动资金投资中 30% 为自有资金，70% 为银行贷款，贷款利率按 4.35% 计算。

7.3.4 总成本费用测算

总成本费用由生产成本和期间费用构成。

7.3.4.1 生产成本

生产成本包括运行成本和折旧。

7.3.4.1.1 运行成本

HJD 储气库运行成本分包括固定性成本、注气费用、采气费用、损耗。

（1）固定性成本。包括人员费用、井下作业费、维护及修理费、监测费、厂矿管理费。

人员费用：设计定员 70 人，按 16 万元 / 人·年计算。

井下作业费：49 口注采井按生产周期每年进行 3 口井的维护性井下作业费，每次 159.8 万元，每年井下作业费 479.4 万元。

测井试井费：测算正常年份年均测井试井费 1002 万元。

维护及修理费：按地面设施投资的 2.5% 计算，正常年份维护修理费为 5884 元。

监测费：指生产过程中为掌握地下动态而发生的监测费用，预计年均监测费 2126 万元。

厂矿管理费：设计定员 70 人，按 1.8 万元/（人·年）计算。

经测算 HJD 储气库单位调峰固定性成本 0.08 元/m³。

（2）注气费用。包括材料费、燃料费和动力费。

材料费：正常年份消耗水量 2772m³，水价为 3.55 元/m³；正常年份消耗汽缸油 12000L，气缸油价格为 73.58 元/L；正常年份材料费为 89 万元。

燃料费：本项目采用电驱压缩机，没有天然气消耗。

动力费：正常年份消耗电量 13164.75 万度，电价为 0.6631 元/度；年耗配电容量费 1940 万元 [19.469 元/（kVA/mon）] 计算，正常年份年均动力费 10669 万元。

经测算 HJD 储气库单位调峰注气成本 0.077 元/m³。

（3）采气费用。包括材料费、燃料费和动力费。

材料费：正常年份消耗水量 1848m³，水价为 3.55 元/m³；正常年份消耗润滑油 2000L，单价为 73.58 元/L；消耗甲醇 7t，单价为 1.2 万元/t；年消耗缓蚀剂 200t，单价为 1.15 万元/t；正常年份消耗乙二醇 1.4t，单价为 1.38 万元/t；正常年份材料费 255 万元。

燃料费：正常年份消耗天然气 $36.7 \times 10^4 m^3$，单价为 1.895 元/m³，正常年份燃料费 70 万元。

动力费：年耗电 $4896.1 \times 10^4 kW \cdot h$，电价为 0.6631 元/kW·h；年均动力费 3247 万元。

经测算 HJD 储气库单位调峰采气成本 0.025 元/m³。

（4）损耗。损耗率按注气量的 4%、气价执行企业规定，经测算 HJD 储气库单位调峰损耗成本 0.074 元/m³，单位调峰运行成本 0.256 元/m³。

7.3.4.1.2　折旧

根据企业财务制度规定，固定资产分为井、压缩机和地面设施，采用平均年限法计提折旧。

年折旧额 = 固定资产原值 ×（1− 预计净残值率）÷ 折旧年限　　（7-4）

式中，残值率为0%，折旧年限为井资产35年、压缩机14年、其他地面设施20年。

经测算 HJD 储气库单位调峰折旧 0.087 元 /m³。

7.3.4.2 期间费用

期间费用包括管理费用、财务费用、营业费用。

7.3.4.2.1 管理费用

管理费用包括摊销费、安全生产费用和其他管理费用。

摊销费：包括前期评价费、剩余可采储量价值、补充垫底气费、办公及生活家具购置费和培训费，按照企业规定年限进行摊销。其中前期评价费为30年、剩余可采储量价值为30年、补充垫底气费为20年、办公及生活家具购置费和培训费于投产第1年一次性全部摊销。经测算 HJD 储气库单位调峰摊销 0.017 元 /m³。

安全生产费用：参考管道运输企业，按营业收入的 0.2% 计算。

其他管理费用：设计定员 70 人，按 3 万元 / 人·年计算。

经测算 HJD 储气库单位调峰管理费用为 0.02 元 /m³。

7.3.4.2.2 财务费用

项目设计 2023 年开始还款，用于建设投资的长期借款按 10 年等额本金还款方式考虑。最高年支付利息 10112 万元，支付利息总额 55614 万元；最高年单位工作气量利息支出 0.071 元 /m³，评价期（32 年）单位工作气量利息支出 0.012 元 /m³。

7.3.4.2.3 营业费用

按营业收入的 0.5% 计取，经测算单位调峰期间营业费用 0.041 元 /m³。

综上所述，HJD 储气库单位工作气量总成本 0.385 元 /m³、经营成本 0.262 元 /m³、固定成本 0.204 元 /m³、可变成本 0.181 元 /m³。

7.3.5 营业收入及税金

（1）HJD 储气库通过提供天然气存储服务取得营业收入，没有副产品收入。根据天然气调峰气量反算储转费计算营业收入。

营业收入 = 调峰气量 × 储转费 + 副产品收入　　　　（7-5）

（2）HJD 储气库涉及的税费主要包括增值税、城市维护建设税、教育费附加、所得税。其中增值税按气库储转费收入的 6% 计算；城市维护建设税按增值税的 7% 计算；教育费附加按增值税的 5% 计算；所得税按 25% 计算。

7.3.6　财务分析

财务分析是在估算项目地质工程、钻井工程和地面建设工程发生的费用和效益的基础上，计算经济评价指标，进行盈利能力、不确定性和敏感性分析，判断项目的经济可行性。

7.3.6.1　基础参数

基准收益率为 6%（税后）；评价期为 32 年，其中建设期 2 年，生产经营期 30 年；法定盈余公积金比例为 10%。

7.3.6.2　财务分析方法

根据项目在评价期内各年的现金流量，计算达到基准收益率时的储转费。见表 7-1、表 7-2。

表 7-1　HJD 储气库项目投资现金流量表　　　　单位：万元

序号	项目名称	合计	2021年	2022年	2023年	2024年	2025年	2026年	……	2052年
1	现金流入	2743298		2419	47487	91729	91729	91729		124978
1.1	营业收入	2485605		2219	42887	84155	84155	84155		84155
1.2	销项税额	223704		200	3860	7574	7574	7574		7574
1.4	回收固定资产净值	19467								19467
1.5	回收流动资金	14522				740				13782
2	现金流出	1842724	272577	274878	25371	36941	41563	39866		45336
2.1	建设投资	524187	272577	251610						
2.2	流动资金	14522		8346		3177	2348	652		

7 地下储气库建设项目经济评价方法与实例

续表

序号	项目名称	合计	2021	2022年	2023年	2024年	2025年	2026年	……	2052年
2.3	经营成本	1109658		14723	24061	31892	37106	37106		37106
2.4	成本进项税额	62895		683	1310	1872	2108	2108		2108
2.5	增值税	117325		-483						5466
2.6	营业税金及附加	14137								656
2.7	维持运营投资									
3	所得税前净现金流量（1-2）	900574	-272577	-272458	22116	54788	50166	51863		79642
4	累计税前净现金流量		-272577	-545036	-522920	-468132	-417966	-366103		900574
5	调整所得税	230426				7742	6439	6439		10498
6	所得税后净现金流量（3-5）	670149	-272577	-272458	22116	47046	43728	45424		69143
7	计算指标	所得税前 内部收益率7.41% 财务净现值83192万元 投资回收期13.3年					所得税后 内部收益率6% 财务净现值0 投资回收期14.98年			

表7-2 HJD储气库项目利润分配表　　　　单位：万元

序号	项目名称	合计	2022年	2023年	2024年	2025年	2026年	2027年	……	2052年
1	营业收入	2485605	2219	42887	84155	84155	84155	84155		84155
2	营业税金及附加	14137								656
3	总成本费用	1655852	31703	57072	64397	68220	67080	65862		41925
4	利润总额（1-2-3+4）	815616	-29484	-14185	19758	15935	17076	18293		41574
5	弥补以前年度亏损	43668			19758	15935	7975			
6	应纳税所得额（4-5）	771947	-29484	-14185			9100	18293		41574

续表

序号	项目名称	合计	2022年	2023年	2024年	2025年	2026年	2027年	……	2052年
7	所得税	203904					2275	4573		10394
8	净利润（4-7）	611712	-29484	-14185	19758	15935	14800	13720		31181
9	期初未分配利润	5675782		-29484	-43668	-25886	-11544	1776		518111
10	可供分配的利润（8+9）	6287494	-29484	-43668	-23910	-9951	3256	15496		549292
11	提取法定盈余公积金	65538			1976	1593	1480	1372		3118
12	投资者分配利润									
13	未分配利润（10-11-12）	6221956	-29484	-43668	-25886	-11544	1776	14124		546174
14	息税前利润	895312	-23756	-2634	30968	25754	25754	25754		41994
15	调整所得税	230426			7742	6439	6439	6439		10498
16	息前税后利润（14-15）	664886	-23756	-2634	23226	19316	19316	19316		31495
17	息税折旧摊销前利润	1361810	-12503	18826	52263	47049	47049	47049		46393
18	计算指标	总投资收益率 5.41%								

HJD 储气库项目模拟储气库单独运营，计算满足投资获得基准回报、支付成本前提下，供应每立方米调峰天然气应收取的储转费。效益评价采取"反算"方法，动态分析与静态分析相结合、以动态分析为主进行分析。

储转费测算结果，当内部收益率为 6% 时，反算储转费为 0.5835 元/m³，低于储转费上限 0.6 元/m³。此时在评价期内，年均营业收入为 75781 万元，年均总成本费用 51549 万元，年均利润总额 26453 万元，年均税费 6613 万元，年均净利润 19839 万元。

7.3.7 不确定性分析

不确定性分析包括盈亏平衡分析和敏感性分析。

7.3.7.1 盈亏平衡分析

当内部收益率为 6% 时，储转费为 0.5835 元 /m³，项目在评价期内每年调峰气量的盈亏平衡点如图 7-1 所示。

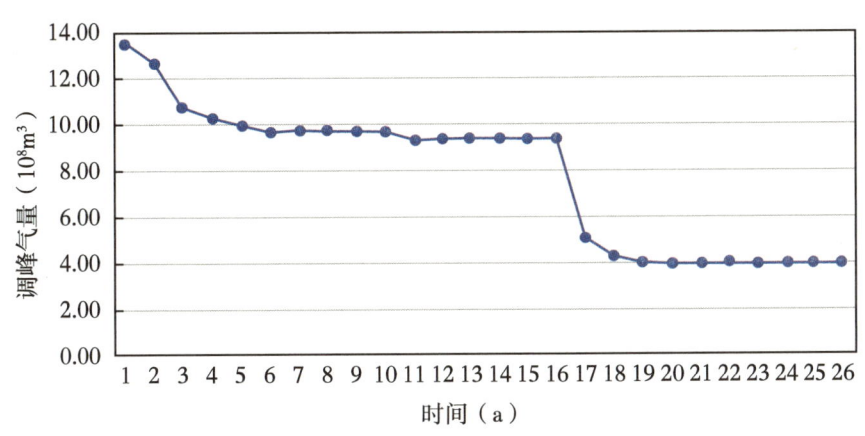

图 7-1 调峰气量盈亏平衡点

7.3.7.2 敏感性分析

（1）内部收益率敏感性分析。

内部收益率为基准值 6% 时，考量调峰气量、储转费、建设投资、经营成本四个因素，对项目内部收益率指标的敏感性影响。结果显示，影响程度由高至低分别为储转费、调峰气量、建设投资、经营成本（表 7-3）。

表 7-3 收益率敏感性分析表

序号	不确定性因素	-20%	-10%	基准方案	10%	20%
1	调峰气量	4.12%	5.09%	6%	6.85%	7.67%
2	建设投资	7.68%	6.77%	6%	5.33%	4.75%
3	经营成本	7.25%	6.63%	6%	5.36%	4.69%
4	储转费	3.13%	4.63%	6%	7.26%	8.45%

（2）储转费敏感性分析。

储转费为 0.5835 元 /m³ 时，考量调峰气量、建设投资、经营成本三个因素，对项目储转费指标的敏感性影响。结果显示，影响程度由高至低分别为调峰气量、建设投资、经营成本（表 7-4）。

表 7-4 储转费敏感性分析表 （元 /m³）

序号	不确定性因素	-20%	-10%	基准方案	10%	20%
1	调峰气量	0.68	0.63	0.5835	0.55	0.52
2	建设投资	0.52	0.55	0.5835	0.62	0.65
3	经营成本	0.53	0.56	0.5835	0.61	0.64

7.3.8 风险分析

随着项目建设的同时，影响项目建设与运营的风险应运而生。为规避风险，实现项目建设预期的目标，从市场和建设两个方面进行风险分析。

（1）市场风险。

HJD 储气库可作为中俄东线北段和中段季节调峰，主要沿线省份为黑龙江、吉林、辽宁、河北、天津和北京；京津冀及东北地区调峰需求为 $201.6\times10^8m^3$，储气库总工作气量为 $198\times10^8m^3$，基本满足要求。但储气库达容前，需要与 LNG 共同调峰满足用户需求。因此，要加快已规划储气库的建设进度，尽快达容达产，争取与调峰需求时间相匹配；同时将 LNG 作为调峰的互补方案，保证国民生产和生活的正常需求，加大清洁能源的使用比例，兼顾社会发展和环境保护的协调统一。

（2）建设风险。

由于项目所在地区社会经济发展水平较高，协调地方关系难度大，征地补偿要求较高，征地工作进展有一定的不可预见性，存在使项目投资增大和建设周期延长的风险。建议尽快开展协调工作。同时加快项目建设的进度，努力控制建设周期，保证工程的早日投入运营。

8 油气生产企业经济评价管理

面对国际油价低位徘徊，中国石油、中国石化和中国海油三大石油公司所属油气田生产企业在提质增效中面临着生存与发展的严峻挑战。作为投资项目决策的重要依据和完整项目管理的重要工具，经济评价工作的重要性和作用倍加凸显，迫切需要建立健全经济评价管理体系，从技术和管理双重角度，强化企业的效益管控，着力发挥经济评价在项目决策中的参谋职能。

8.1 经济评价管理体系

油气田企业经济评价管理体系是基于低油价下的企业提质增效和效益管控，以产量效益并重为原则，从组织、制度、保障、考核等方面构建起的效益管理体系。

8.1.1 油气田企业经济评价管理体系的构建基础

效益理念、管理层重视、复合型人才、纵横向支持、成果应用是经济评价管理体系构建的基础。

（1）效益理念是核心。

经济评价一直在企业的经营管理中发挥着助推器的作用。特别是2009年的金融危机和2014年的油价暴跌，更是让经济评价成为投资决策的基本门槛。

高油价时期，油气田企业以保障国家能源供给为己任，动用一切有利资源，挖掘生产潜力，缩短供需矛盾。在这一时期，有产量就有效益，上产目标和效益目标是一致的，"有油有钱"成为不容置疑的真理，企业生产的核心是稳产、上产。而低油价犹如放大镜，让原先管理粗放、重规模轻效益、技术创新能力不足等发展短板加倍显性化，销售收入骤降、开采成本居高不下、利润空间几乎全无，经营风险无处不在，企业的生存和发展面临着难以逾越的效益底线。应该说，低油价考验的是勘探开发的创新能力，揭示的是管理者（CEO）的驾驭能力，检验的是经济评价的应对能力。

作为国有企业，效益是一个近期与长远相结合的指标，但"一切成本都可降"的效益理念必须体现在每一名员工的思想上和行动上。

要从注重规模速度向更注重质量效益转型。从转变思想入手，把投资回报摆在第一位，达不到效益标准的项目不能审批，更不能实施。

要强化项目的投资效益评价。严格执行企业规定的投资项目经济评价方法和参数，通过优化方案来提升效益。

要建立全生命周期的效益评价模式。跳出项目评价项目，放眼长远算大账，不仅从项目自身层面评价效益，还要站在石油公司层面，从业务链、产业链和社会链三个角度评价项目的整体效益，突出规模效益，既考虑当前，又兼顾长远，全方位、全生命周期评价好每一个新建项目。

（2）管理层重视是前提。

从广义上讲，管理层是指对某一企业活动的执行负有管理责任的组织形式。从经济学上讲，管理层指公司、企业或组织机构内部处于管理地位、负有管理责任的团体或人员。因此，管理层是企业为了实现总体经营目标而形成的。

随着企业质量效益发展的逐步深入，油气田企业越来越意识到管理层重视程度对企业经营目标实现的必要性、对经济评价管理体系建设的重要性。2016年年底，中国石油天然气集团公司董事长办公会专门审议并发布《投资项目经济评价方法和参数》，明确按项目全生命周期管理的办法论证产量、投资、成本和效益，达不到效益标准的不立项、不安排、不实施；2017年又发布了《关于进一步加强投资项目经济评价工作的指导意见》，将注重投资回报、强化成本控制、追求效益产量确定为经济评价工作的核心任务，说明中国石油对经济评价工作非常重视。

（3）复合型人才是关键。

复合型人才包括知识复合、能力复合、思维复合等多方面，他们往往专业能力突出、工作适应力强、面对难题思维开阔、心理素质佳，具有广泛的知识文化和多方向的培养潜力。

经济评价对专业知识的复合性要求高，直接考量着经济评价人员发现问题、分析问题和解决问题的能力。例如，勘探开发项目经济评价涉及石油地质、油藏工程、钻井工程、采油工程、集输工程、地面工程等多项业务领域，作为经济评价人员，必须掌握或精通方案和部署的设计流程、采油工艺技术等专业知识，这样才能把项目评价好、评价准。

（4）纵横向支持是保障。

在企业管理中，部门之间的沟通协作为横向，单位之间的相互支持为纵向。

油气田生产企业作为大型链式生产体系，生产环节多，部门设置较多，岗位分工较为细化，协作关系复杂，生产连续性强，部门间的沟通协作极为重要。就经济评价体系而言，从管理油藏到经营油藏，经济评价需要得到勘探开发、钻采工艺、财务结算、投资计划以及生产单位的鼎力支持。

（5）成果应用是目的。

经济评价作为应用学科，具有特定的评价目的或应用目标。经济评价成果是对投资活动回报程度的直观展示，其最终目的就是让评价结果发挥应有的决策参谋作用。

8.1.2 油气田企业经济评价管理体系的建立

油气田企业经济评价管理体系建立的基本原则是系统性、规范性、严谨性和操作性，必须具有明确的管理流程、严密的组织结构、清晰的运行网络，以提升管理水平。经济评价管理体系由组织体系、制度体系、支持体系、保障体系、考核体系五部分构成[33]，其中组织体系是核心（图 8-1）。

图 8-1　油气田企业经济评价管理体系构成

8.1.2.1　组织体系

有人干、有人管是经济评价工作得以开展的先决条件，它直接影响着工作的质量和水平。通过定岗、定编、定员，明确岗位职责、部门职能，让管理脉络清晰化（图 8-2）。

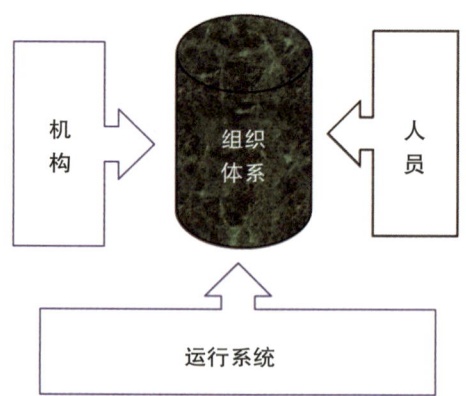

图 8-2　油气田企业经济评价管理体系组织体系

（1）机构设置。

在企业和二级单位机关层面设置经济评价管理部门，建立两级经济评价管理体系，负责经济评价工作的组织和管理。在基层生产单位设立经济评价岗，负责上级工作部署的执行与落实，以及基础数据的采集与录入。

例如，中国石油辽河油田公司在所有二级单位明确了经济评价管理部门和经济评价岗位，"油田公司—二级单位—基层区队"独具辽河特色的三级经济评价运行体系，在实现企业提质增效中发挥着重要的作用。

（2）人员配置。

根据所属企业经济评价的业务特点和需求，合理配备专业技术人员，尽可能做到专业门类覆盖齐全，专业组合相互兼顾，保证项目评价高效快捷。

（3）运行系统。

在机构和人员配置齐全的基础上，构建并形成完整的经济评价运行系统。

8.1.2.2 制度体系

规章制度是员工应有的行为准则，是经济评价与其他单位和部门相互对话的平台，更是经济评价部门体现话语权的工具（图8-3）。

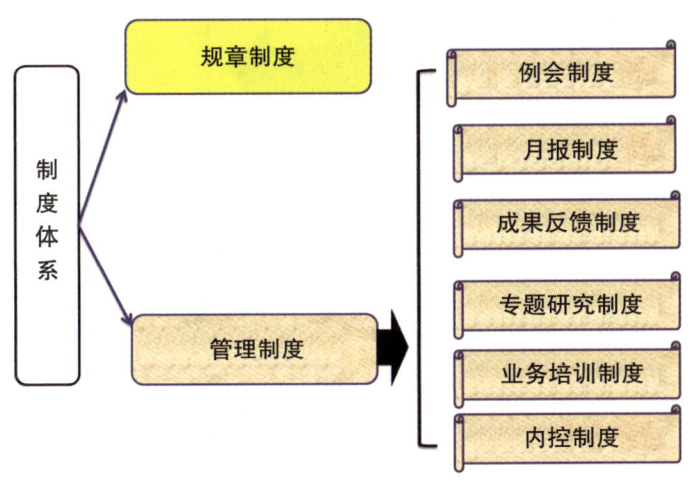

图 8-3　油气田企业经济评价管理体系制度体系

（1）规章制度。

一方面，是将经济评价规定形成企业的规章制度。例如，《辽河油田公司经济评价管理办法》就明确界定了经济评价部门的责权利，规定了各部门的职责分工，以及不同类型项目经济评价的内控节点。另一方面，在企业的规章制度中，明确经济评价的相关规定。例如，《海上石油天然气储量计算规范》(DZ/T 0205—2013)在第 8 章和附录 B 中规定了海上油气储量经济评价方法。中国石油《油田开发管理纲要》"第二章油藏评价、第三章开发方案、第四章产能建设、第五章开发过程管理"都对经济评价内容做了明确规定。

（2）管理制度。

管理制度是企业在执行规章制度、推进经济评价工作过程中所配套的一些制度，例如例会制度、月报制度、反馈制度、专题研究、培训制度、内控制度等。

8.1.2.3 支持体系

为提高工作效率和质量而必须具备的、操作工具的集合，包括方法、参数和软件系统（图 8-4）。

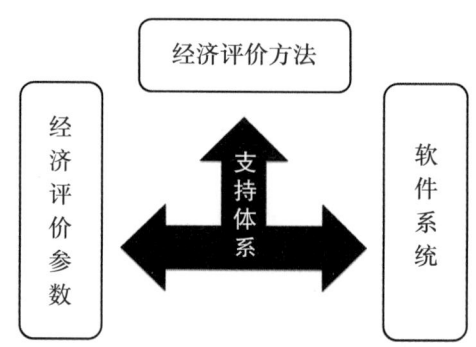

图 8-4 油气田企业经济评价管理体系支持体系

（1）经济评价方法。

经济评价方法分为新建项目和改扩建项目两大类，见 4.1 章节。

新建项目的经济评价方法为现金流量法，是根据开发方案，依据目前经济技术条件，预测未来的投资、产量、成本、效益，编制现金流量表，计算内部收益率和财务净现值指标。

改扩建项目的经济评价方法为有无对比法。是通过比较"有项目"与"无项目"情况下项目投入产出可获量的差异，判别项目的增量费用和效益，评价目标是度量增量投入带来的增量效益。开发调整方案、老区提高采收率项目、开发方式转换项目等都属于这一类。

（2）经济评价参数。

经济评价参数是项目经济评价的基础，一般企业都有明确的规定。

例如，中国石油、中国石化、中国海油每年都要发布投资项目经济评价参数，用于年度投资项目的经济评价。

（3）软件系统。

软件系统是针对不同类型项目研制的经济评价软件，通过软件的分类集成，形成经济评价软件平台化。即在一个平台上，分勘探项目、开发项目、钻采项目、生产项目等不同的模块，综合解决油气田企业的投资和成本项目效益评价问题。

8.1.2.4 保障体系

保障体系是通过制度来规范经济评价部门自身的操作行为和协作部门的支持行为。它分为部门配合、数据库建设和示范区建设三个方面（图8-5）。

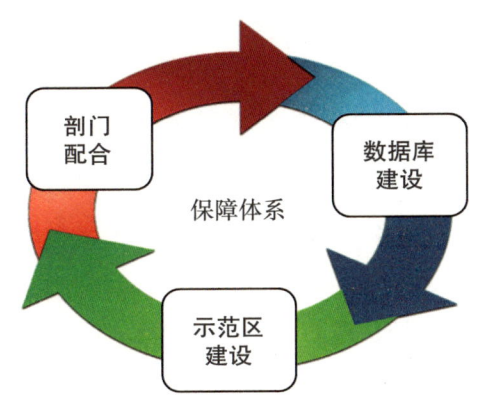

图8-5 油气田企业经济评价管理体系保障体系

部门配合就是明确项目经济评价涉及部门的职责，让支持配合有章可循。

数据库建设就是建立涵盖项目投入产出的多参数数据体系。

示范区建设就是将对标管理可视化，在企业内树立经济评价工作的标杆，通过"看得见、摸得着"的标杆，提高对标管理的时效性。例如辽河油田公司由此建立了"数据采集与管理、效益评价成果应用、开发项目跟踪评价、精细注水效益评价、产能建设投资效益评价、效益配产配成本"六个经济评价示范区。

8.1.2.5 考核体系

考核体系就是建立考核监督机制，促进经济评价工作上水平。例如辽河油田公司专门发布了《辽河油田公司经济评价管理办法》，同时针对各单位经济评价工作有《经济评价工作考核管理办法》，针对措施实施效果有《高效措施井奖励办法》等，用制度保障了企业经济评价工作的效果和成效。

8.1.3 油气田企业经济评价管理体系在辽河油田的应用

"十三五"以来，面对"资源接替不足、产量递减加快、降本压力巨大"等诸多困难和矛盾，经济评价管理体系在油气田企业提质增效进程中发挥了巨大作用，实现了项目经济评价覆盖率、单井效益评价覆盖率、油井措施经济评价覆盖率、产能建设经济评价覆盖率、员工技术技能培训覆盖率"5 个 100%"，助力企业经营指标的全面完成。

（1）催生了《油气田效益评价系统》。

由辽河油田经济评价系统自主研制的《油气田效益评价系统》先后荣获"中国石油天然气股份有限公司技术创新一等奖""国家级企业管理现代化创新成果二等奖""中国石油梦想云创新大赛一等奖"，并在 14 个油气田企业推广应用，成功解决了"新井实施效益优化、油井分类管理、高成本井监控、措施风险预评价、效益配产配成本"五大生产管理难题，实现了从油藏管理向油藏经营管理的实质性跨越。

（2）推动了企业效益风险管控。

由辽河油田经济评价系统研制的"企业效益风险管控模式"荣获"中国石油天然气集团公司 2017 年度管理创新成果一等奖"，推动以经济可采储量为核心、以经济产量为基础的勘探开发项目效益评价体系的创建。当年，辽河油田应用该成果指导设计优化，杜绝负效投资 9.2 亿元，引领了开发部署的高效实施；控制了 5819 万元负效措施投入，920 口低效井实现效益升级。

（3）还原了重大投资项目效益本质。

由辽河油田经济评价系统研制的"项目全生命周期经济评价方法"荣获"中国石油天然气集团公司科技进步奖"，保障了稠油大规模提高采收率技术的高效实施。全生命周期经济评价技术针对老油田开发现状，立足项目多方位评价项目，从不同的视角评价项目的效益性；跳出项目多层面评价项目，从不同的层次评价项目的效益性，通过项目"决策、建设和运营"三个阶段的全要素经济评价，全方位展示了重大投资项目的综合效益。

8.2 油藏经营管理

油藏经营管理是从管理油藏向经营油藏的一大跨越，既是管理理念的变革，也是企业回归本质的必然。学者普遍认为，油藏经营管理是用集成的思维和理念经营管理油藏，实现人、财、物、技术和信息等各种资源要素的优势互补与合理配置，进而实现资源的合理利用和经济效益最大化的目标。随着国际油价的大幅度波动，以及以经济效益为中心的企业管理终极目标的明确，油气田生产企业在高油价时期掩盖的投资回报低、开采成本高、经营管理粗放等现实矛盾逐一显现，油藏经营管理成为企业效益发展的必然选择。

8.2.1 油藏经营管理的必要性

油藏经营管理是企业实现可持续发展的需要。经过几十年的勘探开发，我国主力油田已相继进入开发中后期，储量接替不足成为必然，产量规模缩减与投资成本上升形成的剪刀差越来越大，企业发展举步维艰，油藏经营管理是老油田立足自身谋生存的必然选择。

油藏经营管理是破解"双高（高含水/高可采采出程度）、双低（低采油速度/低采出程度）、双负（负利润/负现金流）"油田发展瓶颈的需要。例如辽河油田公司经过近 50 年的勘探开发，已进入"低品位、低油价、高成本"三重矛盾叠加期，老井产量递减加大，新井和措施效果逐年变差，投资成本连年压缩，而产量和效益是硬指标，千万吨稳产重在实效。

油藏经营管理是实现储量价值最大化的根本保证。高含水后期和低油汽比是一个较长的开发阶段，老油田要提高采收率，延长寿命期，增加开发效益，就必须在开发部署上做到技术与经济有机结合，近期与长远统筹兼顾，实现储量价值最大化。

中国石油天然气股份有限公司 2018 年油气田开发工作会议明确提出了高效勘探、低成本开发、加快天然气发展和绿色安全发展"四大任务",以及推进从重产量向产量效益并重、从重地质储量向重经济可采储量、从靠投资拉动向靠创新驱动、从传统生产向精益生产"四个转变"。进一步强调要严格控制发现成本,推动重地质储量向重经济可采储量转变,积极寻找高效可动用储量;推行产建项目达标管理,以效定产,停建不达标产能,停上不达标措施,守住效益开发底线;深化油藏经营管理,强化对负效区块、负效油井的跟踪,实现精准管控;做好"双高油藏"转换开发方式,大幅提高采收率,实现总体效益最大化;以油藏整体治理带动停产井恢复和低产井提效,盘活资产。注重投资回报,强化成本管控,追求效益产量,这些做法成为油藏管理的新常态。

8.2.2 油藏经营管理的内涵和模式

8.2.2.1 油藏经营管理的内涵

一般文献对油藏经营管理的定义为:合理应用各种资源(人力、财力、设备、技术),通过制定实施科学的经营策略,实现油田开发的利润最大化。即采用"扁平式"组织结构[2],打破部门之间工作界限,多专业、多学科(包括物探、地质、油藏、采油、钻录测井、化工、地面、经济、环保、法律等)组成油藏经营管理团组,协同作战,用资源的最优组合创造油藏的最佳效益。因此,油藏经营管理就是将储量视为油气资产,通过资源的优化配置,即人、财、物的优化组合,技术与经济的有机结合,达到效益产量最大化的一种管理方式。

油藏经营管理的组织构架强调扁平式和多专业、多学科的协同化工作模式。在具体实践中,油藏经营管理的核心思路是针对不同开发阶段建立技术经济评价体系,实现对项目投入和产出的全过程管理。

8.2.2.2 油藏经营管理的模式

立足目前我国油气生产企业的管理实际,油藏经营管理的基本模式为:采油生产单位是油藏经营管理的主体,将资产管理融入技术管理,实现油藏管理向油藏经营管理的跨越[34]。

构建原则:管理层次清晰、岗位职责明确、方案设计可行、投入产出清晰。

管理模式：依托现行开发管理体系，融入投入产出指标，把开发单元的技术经济指标转化为每个岗位的控制目标和具体措施（图 8-6）。

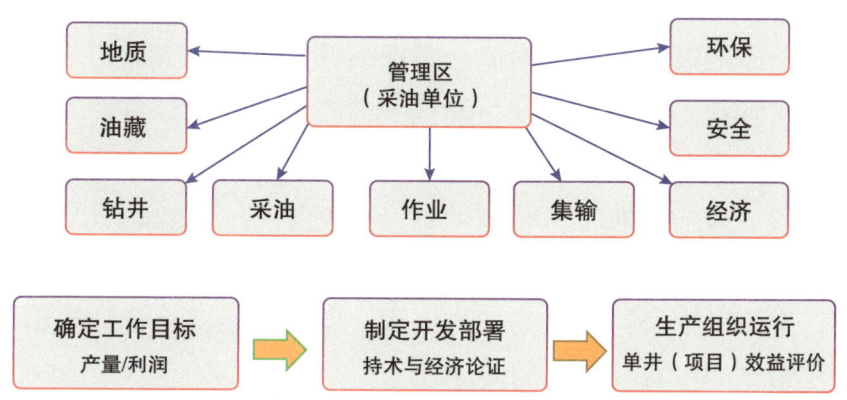

图 8-6　油藏经营管理模式

这种模式强调了效益产量，强化了油藏工程、钻井工程、采油工程、地面工程、生产管理、财务资产、计划经营、安全环保的多专业协作，将效益贯穿于项目的全过程，突出技术与经济的最佳匹配，全面实现油藏的高效开发。

管理目标的最终目标是长远效益最大化；阶段目标是当期利润最大化。

考核指标：共四大类 30 项考核指标（表 8-1）。

表 8-1　油藏经营管理考核指标

大类名称	指标名称
储量管理水平	采收率，采油速度，采出程度，可采储量采油速度，可采储量采出程度，储采平衡系数，储量替换率，储采比
开发管理水平	产能贡献率，产能到位率，措施有效率，综合含水，油汽比，水井分注率，水驱储量控制程度，综合递减率，自然递减率，含水上升率
生产管理水平	平均单井日产，油水井开井率，新井生产时率，检泵周期，机采效率，集输效率
效益管控水平	内部收益率，财务净现值，投资收益率，操作成本，利润，现金流

通常产量由老井产量、新井产量和措施产量三部分构成。其中老井产量是靠控制自然递减率来保障，新井产量由投资拉升，措施产量由措

施工作量投入来决定。以前作业区经理是生产型经理，完成产量是主要目标。如今作业区变身油藏经营管理的主体，经理既要懂生产更要善经营，每一项活动都要考量投入产出。

从管产量到管资产、从生产型到经营型是油藏管理的彻底变革，其核心环节是油气资产的保值增值。实现油气资产保值增值，一方面要从技术上强化管理。注重工作量与油气产量的合理匹配，自然递减率、综合递减率、含水上升率"三率"指标的严格把控，单井产量和年度配产的刚性制约。另一方面要从管理理念上实现变革。把效益贯穿于油田开发的全过程，突出投入产出分析，从方案、设计到实施，从区块、层系到井网，全面发挥经济评价的指导作用，实现用经济评价结果引领开发部署，探索老油田有效开发的新途径。

8.2.3 油藏经营管理的保障措施

8.2.3.1 营造全员油藏经营管理理念

油藏开发是人力密集、资金密集、技术密集型的产业，具有高投入、高风险的特点，特别是低油价环境让油田企业获取经济产量的要求更加迫切，因此必须牢固树立以效益为中心的管理理念，大力强化"今天的投资就是明天的成本"和"提高采收率就是最大效益"的理念，增强投资回报意识，把勘探投入落脚于增加经济可采储量上，把开发投入落脚于增加经济产量上，让"先算后干"成为油藏决策的必备程序，在设计、实施、管理、操作的每一个环节，做到"人人讲效益，事事算效益"。

要通过经营理念的转变，让"用效益标准优选项目，达不到效益标准的项目坚决不投入"成为地质设计的基本准则。在部署阶段，按照"井网井型决定开发投资，开发方式决定采收率，地面简化和标准化设计决定采油成本"的效益开发理念，从设计源头抓起，全方位、全过程突出方案编制和井位部署的效益把控，做到经济上不可行的设计不予立项；在研究阶段，以油藏方案为核心，统筹考虑钻井、采油、地面等配套工程方案，精细方案设计，详细记录研究实施过程中各环节的投入产出和关键节点的效益指标，对经济高风险节点提出多套优化方案，从方案设计上把住投资回报关。

8.2.3.2 创建油藏经营管理数据库

数据库是油藏经营管理的基础。为了满足油藏经营管理中的大数据分析需求，应在现有的勘探、开发和生产数据库基础上创建油藏经营数据库。

（1）以单井为最小经营单元，按厂、区、站设置三级成本效益分析模块，规范井站单井投入产出分析内容，并充分考虑油品结构、油藏特征、开发阶段等生产要素，创建投资、产量、成本、效益四参数经营管理数据库，从数据的采集与分析上保障油藏经营管理的实施。

（2）设置专（兼）职岗位，指定专人强化数据库的管理与维护。一方面，针对老井、新井和措施，按月更新生产经营数据，保证数据库的完整与准确。另一方面，利用信息网络资源，建立集数据录入、查询、分析、评价、预测为一体的网络办公平台，形成一套完整独立的效益评价系统，夯实油藏经营管理的数据基础。

8.2.3.3 制定油藏经营管理规章制度

规章制度是保障油藏经营管理有序运行的必要条件。针对油藏经营管理的模式与指标，必须建立基本的保障制度。（1）建立岗位责任制，让技术和管理人员明确自己的职责，指导操作人员跟踪生产动态、录取必要的资料、科学使用新工艺新设备；（2）建立工作例会制度，定期碰头对接，对方案设计和工作量实施情况进行监督和调控；（3）建立技术经济跟踪评价制度，按月度反馈效果和效益，实现全过程效益风险管控；（4）建立对标管理制度，实行项目标准化管理，建设标杆班站示范区，整体提升项目标准化管理水平；（5）建立QHSE体系，使油藏经营实施走向质量、健康、安全、环保良性循环的轨道；（6）建立总结表彰制度，加大油藏经营管理表彰激励机制，季度总结与年度考核相结合，奖优罚劣。

8.2.4 油藏经营管理案例分析

A 油田 B 采油厂是一个具有 $130×10^4$t 超稠油年产能力的生产单位，面对开采工艺复杂、采油成本高、油价负贴水等诸多现实矛盾，提出了以完整项目管理为手段的油藏经营管理新模式，通过投资、产量、成本和效益的优化配置，实现了从管理油藏向经营油藏的新跨越。2015 年 B

采油厂建成 130×10⁴t 超稠油年产能力，2019 年生产原油 127×10⁴t。

8.2.4.1 原有的油藏管理体系

在计划经济向市场经济的过渡时期，加之高油价的助力，A 油田 B 采油厂的油藏管理仍然沿用"以产量为中心"的管理理念，无论单井还是项目，均强调稳产超产，产量按计划配置，完成产量成为油藏乃至采油企业的核心任务（图 8-7）。

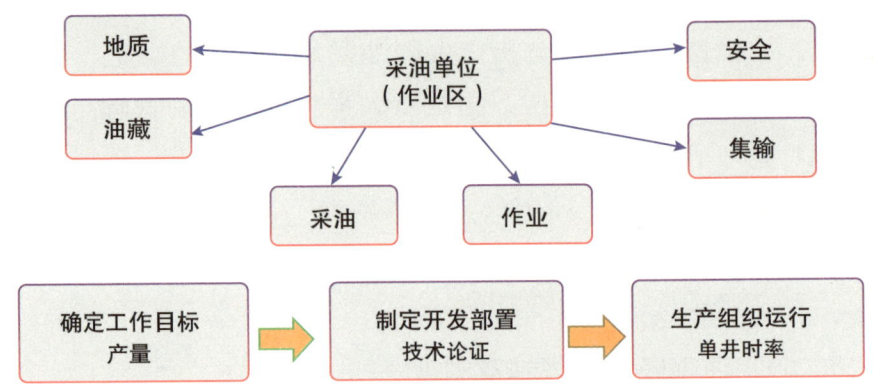

图 8-7　以产量为中心的油藏管理体系

如果按照原"以产量为中心的油藏管理体系"评价，原油超产 2×10⁴t，属于原油超产单位，应获得超产奖励。

8.2.4.2 现油藏经营管理模式的应用效果

按照"以效益为中心的油藏经营管理模式"评价，A 油田 B 采油厂生产原油 127×10⁴t，超产 2×10⁴t，实现收入 23.54 亿元。但发生新井投资 2 亿元，成本支出 18.87 亿元，上交税费 3.69 亿元，折耗 34.95 亿元，实现利润 -35.97 亿元，属于亏损单位。

单井效益评价显示，A 油田 B 采油厂效益Ⅰ—Ⅲ类井占 33.4%，边际效益井占 20.8%，无效益井占 45.8%；效益Ⅰ—Ⅲ类产量占 69.8%，边际效益产量占 13.7%，无效益产量占 16.5%。

项目效益评价显示，2012 年在该厂实施的增产 70×10⁴t EOR（提高回收率）项目，已完成投资 20.1 亿元，到 2019 年年底累计生产原油 275.6×10⁴t，实现商品率 78.7%，累计发生操作成本 33.0 亿元，平均单位操作成本 1521 元/t，投入产出比 1.11。

油藏经营管理模式，把油藏作为经营主体，打破了以产量为中心的管理格局，以效益最大化为目标，强化了投入产出整体评价，让企业回归了经营本质。A 油田 B 采油厂虽然完成了产量指标并实现了超产，但没有产生利润，按效益排序属于后位。分析其原因，在实现油价 2317 元 /t 的情况下，油藏经营本身是有效益的，实现经营利润 0.98 亿元，但因建设过程中投资巨大，导致固定资产偏高，按照国际通用的产量法计提，折耗高达 3440 元 /t，致使 B 采油厂在低油价时期经营亏损。

8.3 效益风险管控体系

在油气生产企业的风险管理中，效益风险是伴随着低油价而备受关注的一项新的风险因素。效益风险管控就是找出企业生产经营中的效益风险控制点，进而明确管控措施和方法，提高企业的决策管理水平。

8.3.1 效益风险管控体系的创建背景

（1）油价持续低迷，油田生存发展面临严峻考验。

经过几十年的勘探开发，我国主力油田已相继进入开发中后期，自然递减普遍大于 20%；同时受储量接替不足、资源品质劣质化，以及持续低油价的影响，完全成本居高不下；受投资成本制约，开发生产工作量呈下降趋势，稳产的难度进一步增大、生产经营压力前所未有。

高油价时期，只要有产量规模就有经济规模，上产目标和效益目标是一致的，油田开发生产的核心是"稳产、上产"。但是 2014 年以来，油价断崖式下跌，使得辽河油田、吉林油田等一大批老油田进入亏损企业之列，降本增效成为生产管理的中心任务，企业的生存发展面临着严峻的考验。

（2）资源基础薄弱，有效稳产难度增大。

中国石油在目前标定采收率 30% 的情况下，可采储量采出程度已达 78%，平均综合含水 89.5%，老油田自然递减率均在 20% 以上。特别是东部老油田，剩余可采储量采油速度都在 6% 以上，按 50 美元 /bbl 油价分析负利润单元占 37.4%，反映出可采储量品质较低，效益稳产的基础薄弱。其中以稠油生产为主的辽河油田已经探明储量动用率高达 81.2%，连续六年储量替换率低于 1，"新资源发现难，剩余储量动用难"成为制约油田千万吨有效稳产的瓶颈之一。

（3）生产成本持续走高，经营指标难以实现。

"开发效果变差、操作成本升高"这种老油田开发生产的共性，在以稠油为主的辽河油田显现的尤为突出。"十二五"期间操作成本净增 412 元/t，"十三五"期间按照基本运行费刚性下浮 10% 的规划，仅此一项就导致成本缺口 23 亿元，严重影响了企业经营指标的实现。与此同时，转换开发方式和进攻性措施工作量的增加，在改变产量结构的同时，也推高了成本需求，经济效益达标率备受关注。

中国石油天然气股份有限公司 2020 年油气田开发工作会上提出的"严格控制发现成本，推动重地质储量向重经济可采储量转变；推行产建项目达标管理，以效定产，停建不达标产能、停上不达标措施，守住效益开发底线；深化油藏经营管理，强化负效区块负效油井跟踪，实现精准管控"，就是对油气生产企业效益风险管控的基本要求。

8.3.2 效益风险管控体系的基本构架[35]

效益风险管控就是以油井为控制单元，把关"五大"效益风险管控点（图 8-8），将"效益"贯穿于油气田勘探开发和生产经营的全过程，

图 8-8 效益风险管控模式图

实现每个生产环节的高效管理，从源头上避免无效和低效投入，实现企业效益最大化。

（1）新井实施效益优化，有效管控投资风险。

新井实施效益优化就是建立两级经济评价部门联动的"新井效益评价与审批制度"（图8-9），以投资项目经济评价方法为手段，结合石油公司的参数要求，用效益指标约束技术指标，否决负效井、优化排序有效井实施批次，实现产能建设投资的源头控制。

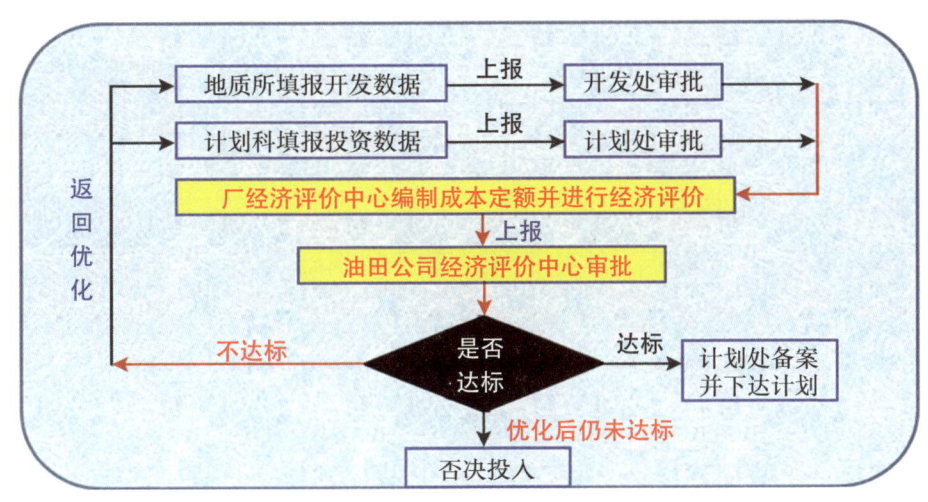

图 8-9 新井经济评价流程图

例如，辽A块8口水平井，首次经济评价内部收益率1.7%，效益不达标。地质技术部门按照经济极限指标，通过井深结构精简、测录井项目优化、砾石充填整体承包、随钻导向技术简化、地面工作量缩减等多轮投资优化，平均单井投资下降151.7万元，减少投资1213.6万元，二次评价内部收益率达到8.6%，新井实施两年就全部达到方案设计指标。

（2）措施风险预评价，把住成本投入第一道关口。

措施风险预评价就是依据投入产出平衡原理，以措施发生的全部费用为基数，通过"有无对比"法，测算油气增量收入和增量收益。

在中国石油的辽河油田、冀东油田和中国石化的西北油田等企业的《内控管理手册》中，都有完整的油井措施"三级论证"流程（图8-10），保证了成本投入风险的科学把控。

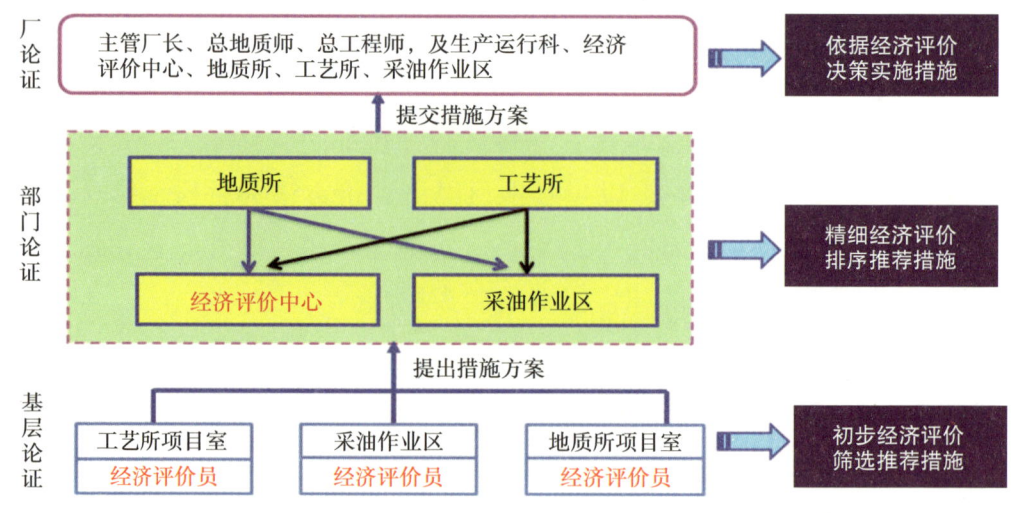

图 8-10 油井措施"三级论证"流程图

（3）油井分类管理，夯实油藏经营管理基础。

油井分类管理就是依据单井效益评价（具体做法见 5.1 章节），剖析产量与成本的匹配关系，瞄准低效井数和负效产量，分析原因、制定"一井一策"，通过分类评价，实现油井的分类管理。

例如，B 采油区张一块依据单井效益评价结果对油井进行分类管理，对单井产量大于 5t/d 的井，设定专人负责监控，全天跟踪核实液量、含水、电量等参数变化；对单井产量小于 2t/d 的井，设定专人负责监控，每月一次集中会诊，分析成因，结合功图、液面、含水变化，提出针对性综合治理方案。今年上半年，张一块通过油井分类管理，油井平均检泵周期延长 170 天，5 口井实现效益升级，油井维护性作业比减少 15 井次，节约作业费 120 万元。

（4）项目全生命周期评价，还原投资效益真相。

开发方式转换项目与新区开发项目存在了产量结构上的差异，前者往往需要一个施工的建设期和产量回升的缓冲时间。全生命周期经济评价方法是针对项目所处的不同阶段，采用相对应的评价方法，揭示项目的投入产出关系，实现项目的全生命周期评价和完整管理（具体做法见 5.3 章节）。

（5）效益配产配成本，实现能力配产向效益配产转变。

效益配产配成本就是打破行政单位、原油品质、区块界限，研究不同油价下产量与成本匹配关系，通过效益最大、成本最低和盈亏平衡三个控制条件，建立效益配产模型，综合确定油气田的效益产量，进而配置采油成本。

效益最大模型 $\quad \max \sum_{i=1}^{n}\left(q_{i} \cdot p_{i} \cdot I-vc_{i}\right)-f_{c}$

成本最低模型 $\quad \min C=\dfrac{\sum_{i=1}^{n} q_{i} \cdot I \cdot vc_{Ni}+f_{c}}{\sum_{i=1}^{n} q_{i} \cdot I}$

盈亏平衡模型 $\quad \sum_{i=1}^{n}\left(q_{i} \cdot p_{i} \cdot I-vc_{i}\right)=f_{c}$

CH 油田 2019 年效益配产 916.4×10^4t，配置成本 1326 元/t，实际完成效益产量 911.2×10^4t，相对误差 0.56%，决算成本 1487 元/t，相对误差 12.1%，与实际运行基本吻合。

8.3.3 效益风险管控体系的应用实效

在辽河油田公司，效益风险管控体系在企业"开源节流、降本增效"中发挥了巨大作用。

（1）效益风险管控体系助力高效勘探。

作为"高效勘探、高效评价、高效动用"的必备环节，效益风险管控模式在地质储量向经济可采储量转变进程中发挥了巨大作用，以经济可采储量为核心、以技术可采储量为基础的勘探项目效益评价体系基本成型。2019 年的 12 个预探区带、6 个油藏评价区块效益达标率 100%，剩余经济可采储量自评估符合率 100%，效益风险管控体系成为把控勘探效益的有力抓手。

（2）效益风险管控模式引领开发部署高效实施。

效益风险管控把"效益"贯穿油田开发的全过程，从方案、设计到实施，从区块、层系到井网，用效益指标把关技术指标，探索了老油田有效开发的新途径。

2019 年，坚持简单实用原则，优化设计、简化流程、严控辅助类生产项目，核减投资 9.2 亿元；推行标准化设计，盘活老井场老设备，优化投资 8.7 亿元；开放外围钻井市场，推行钻井总承包，节约投资 5.5 亿元。优化调整的资金全部用于油气生产，相当于同等投资规模情况下多打新井 165 口。

（3）效益风险管控体系助力生产组织经济运行。

通过"单井效益评价、油井措施效益评价、水平井实施跟踪效益评价"，紧紧把脉 15800 余口油井的生产状况，让效益风险管控在油田公司"开源节流、降本增效"中占据了重要位置。

2019 年，效益风险管控模式把住了 5819 万元负效措施投入，920 口低效井实现效益升级。

（4）效益风险管控体系保证了重大项目效益运行。

项目全生命周期经济评价实现了模板化，助推了开发方式转换技术的高效推进。运用产量、成本、现金流、利润、投资回报 5 个模块，跟踪评价杜 84 块 SAGD、齐 40 蒸汽驱、锦 16 复合驱、兴古潜山产能建设、杜 66 火驱等重大开发项目运行效益，八大类、47 个方式转换项目，投入产出比达到 1∶1.30，SAGD 项目在实现年产规模百万吨的同时，操作成本较蒸汽吞吐降幅 114 元/t。

效益风险管控让经济评价在方案设计和立项论证中的决策力度进一步增强。2019 年化学驱、蒸汽驱、火驱等 55 个方案在效益风险管控中得以顺利实施，7 个项目因效益不达标而未终止。

（5）效益风险管控体系让效益产量评价更加理性。

以效益风险管控体系为载体，站在油田可持续发展的层面剖析产量结构，明确了负效产量承担的效益责任，创建了 0.5∶1.2∶8.3 的规模效益产量比例模型，主动强化对"43% 的有效井，产出 83% 效益产量"的价值分析，边际效益井和无效井成为降本增效的管控重点。

（6）效益风险管控体系推动了提质增效全覆盖。

效益风险管控在新技术推广应用、矿权管理精细化、黄标车治理科学选型、外闯市场投标决策、非生产项目论证审批中发挥了决策参谋作用。

2019 年，用"经济增油量和投资回收期"直观展示可控不压井、无杆举升、油井带压作业、多元热流体提高采收率、致密油水平井压裂等新工艺新技术的效益结构,提升了科技增油的创效能力;为欧力坨子、铁匠炉等4个区块矿权更新与合并提供效益依据;《新能源客车选型项目经济可行性评价》为黄标车治理提供了决策依据。《兴一矿水源热泵供暖项目》效益评价,搭建了地热项目经济评价的方法和参数体系;经济界限指标测算成为投标苏马诺项目、乍得稠油项目、苏北3×10^4t/5年稳产方案等项目的决策依据。

8.4 经济规模产量计算方法

从"规模经济理论"可以看出,在一定经济条件下,伴随着原油产量的增加,其单位成本下降,即扩大生产规模可以降低平均成本,从而提高盈利水平。从理论上讲,规模经济存在着一个最优产量点,在这个最优产量点内,经济效益递增;超过了最优产量点,经济效益就递减。因此,探索油田经济规模产量计算方法,就是要坚持"技术指标是经济指标的基础,技术指标必须服从于经济指标"的原则,从源头上控制投入,实现产量效益最优化。

8.4.1 基本原理

8.4.1.1 成本最低产量计算方法

在《技术经济学》中,总成本的函数表达式一般表示为$TC=f(Q)$,其中Q为生产量。如果用$AC=g(Q)$表示单位成本,则有

$$AC = \frac{TC}{Q} = \frac{f(Q)}{Q} \tag{8-1}$$

根据成本理论,一般单位成本是随生产规模的扩大表现为递减趋势的函数。随企业产出量的增加,单位平均成本一般是趋于下降的,即存在最低成本[36]。如果我们在单位平均成本AC函数中对Q求值并令其等于零,便可求出成本最低时的生产规模QL。根据产业经济学的有关理论,典型的长期总成本函数是三次式,表达式为

$$TC = aQ^3 + bQ^2 + cQ + d \tag{8-2}$$

则单位产品的平均成本为

$$AC = \frac{TC}{Q} = aQ^2 + bQ + c + \frac{d}{Q} \tag{8-3}$$

在长期的成本函数中，一般有 d=0，因此平均成本函数变为

$$AC = aQ^2 + bQ + c \tag{8-4}$$

对上式求导，令 $\dfrac{\mathrm{d}AC}{\mathrm{d}Q} = 0$

求得成本最低时的生产规模为

$$Q = -\frac{b}{2a} \quad (b<0) \tag{8-5}$$

8.4.1.2 盈亏平衡产量计算方法

根据盈亏平衡原理[4]，销售收入与生产成本、期间费用、勘探费用、销售税金及附加、资源税之和的差值即为利润，它是企业总收入扣除总成本后的差额。如果用 $L(Q)$ 表示企业总利润，分别用 $S(Q)$ 和 $C(Q)$ 表示销售收入和生产成本。则有

$$L(Q) = S(Q) - C(Q) \tag{8-6}$$

$$S(Q) = (P - C_{勘探} - C_{期间} - T) \times Q \tag{8-7}$$

$$C(Q) = aQ^3 + bQ^2 + cQ = (aQ^2 + bQ + c) \times Q \tag{8-8}$$

$$L(Q) = S(Q) - C(Q) = P(Q) \times Q - C(Q) \times Q \tag{8-9}$$

对 Q 求导，令 $\mathrm{d}L(Q)/\mathrm{d}(Q) = 0$，得

$$3aQ^2 + 2bQ + (C - P + C_{勘探} + C_{期间} + T) = 0$$

求解上式，则可以得到两个盈亏平衡产量值。

令 $3a=A$，$2b=B$，$(C-P+C_{勘探}+C_{期间}+T)=M$，则

$$Q = \frac{-B \pm \sqrt{B^2 - 4 \cdot A \cdot M}}{2A} = \frac{-b \pm \sqrt{b^2 - 3a(C - P + C_{勘探} + C_{期间} + T)}}{3a}$$

$$\tag{8-10}$$

式中　Q——原油产量，10^4t；

　　　C——操作成本，元/t；

　　　P——原油价格，元/t；

　　　$C_{勘探}$——勘探费用，元/t；

　　　$C_{期间}$——期间费用，元/t；

　　　T——销售税金及附加，元/t。

盈亏平衡产量是指销售收入能够抵偿生产成本投入时的生产规模，在利润与年产量的关系图中表现为两线交点。对于一个油田来说，第一个交点是初期上产阶段，随着产量的上升，由亏损到盈利的第一个平衡点；第二个交点是油田进入递减阶段后，随着产油量的下降，由盈利到亏损的第二个平衡点。

8.4.1.3　效益最大产量计算方法

为了简化计算，效益最大产量的计算可以在利润与年产量的关系式中，通过插值法，直观地求得。

8.4.2　经济规模产量计算方法实例分析

金宝油田是一个普通稠油油田，1977年投入蒸汽吞吐开发，1990年进入递减期，目前探明石油储量动用率高达86.2%。

截至2019年年底，有油井1053口，开井率69%，平均单井日产油2.3t，采油速度0.43%，剩余可采储量采油速度10.68%，年产油61.7×10^4t，可采储量采出程度81.62%，综合含水59%，自然递减率22%。热采稠油累计吞吐692口井4376井次，平均单井吞吐6.3轮，年注汽30.5×10^4t，油汽比0.76。

统计分析截至2019年年底的操作成本与年产油关系，操作成本随产量的变化，符合抛物线规律（图8-11），应用成本最低产量计算方法，确定其数学模型为

$$AC = 0.3634Q^2 - 26.2884Q + 1184.0179，相关系数 R = 0.9440$$

根据上式，求得2019年金宝油田的最低操作成本为708.6元/t，对应产量为36.17×10^4t。

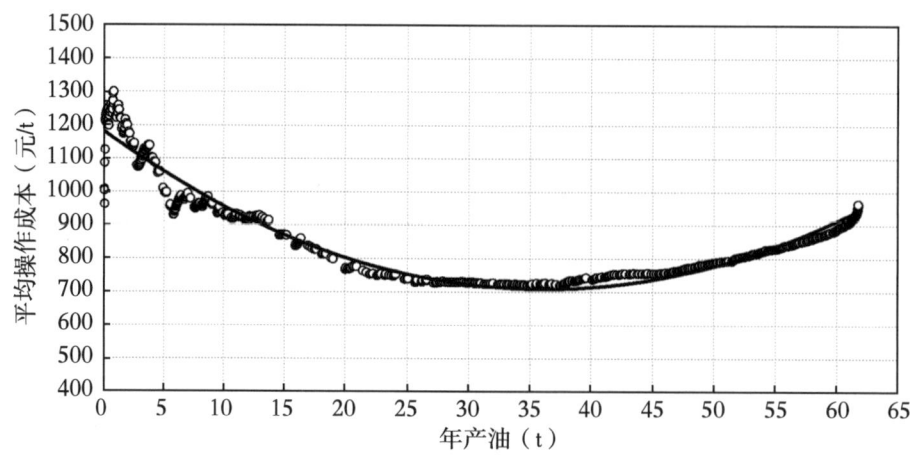

图 8-11　金宝油田年产油与操作成本关系曲线

按照 2019 年平均油价测算，在直角坐标系上，绘制利润与产油量的关系，可以直观地看出：随着产油量的增加，利润增加（图 8-12）；但到达一定产量峰值后，利润的变化呈下降趋势，即在特定油价下，存在着效益最大产量。

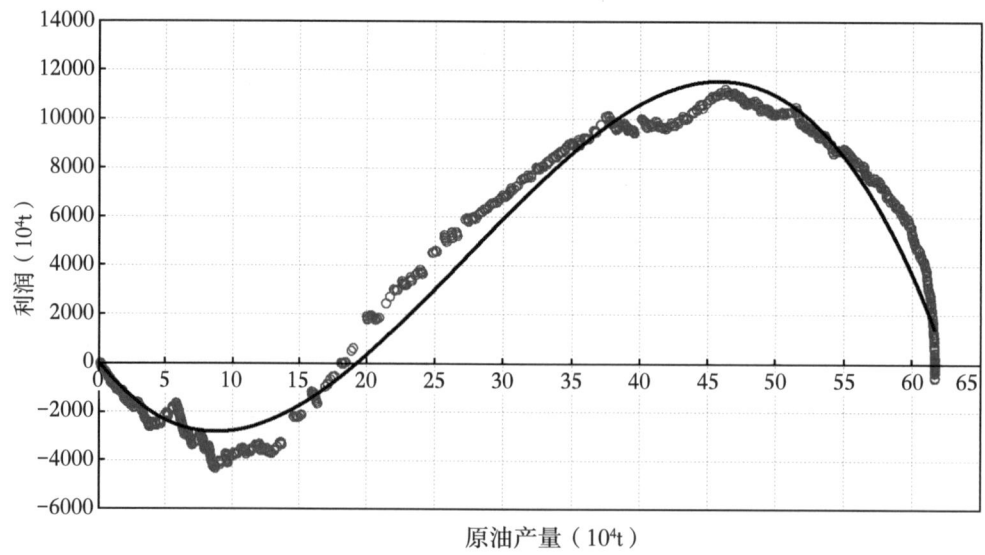

图 8-12　金宝油田利润与产量关系曲线

应用利润最大产量模型，得

$L(Q) = -0.5659Q^3 + 46.382Q^2 - 684.75Q$，相关系数 $R=0.9701$

由上式，求得 $Q_1=19.32$，$Q_2=62.65$

因此，金宝油田的盈亏平衡产量为 19.32×10^4t 和 62.65×10^4t，即当年产量高于 19.32×10^4t 时，油田盈利，但当年产量高于 62.65×10^4t 以后，油田仍将进入亏损状态。

根据图 7-12，运用差值法，可以得到金宝油田的效益最大产量为 45.84×10^4t。

综上分析，利润最大化为目标，金宝油田的经济规模产量区间为 $19.32\sim62.65\times10^4$t，其中效益最大产量为 45.84×10^4t，操作成本最低产量为 36.17×10^4t。

2019 年受持续低油价影响，金宝油田有 46.8% 的油井操作成本高于油价，产油量占全油田的 16.6%，经济效益受到严重制约。按照这一研究结果，金宝油田以效益优先为原则，及时将产量规模从 55×10^4t 调整到 46×10^4t，全年实现盈利 1.1 亿元，在经济不景气的特殊环境下，取得了较好的经济效益。

8.5 油田效益建产模式

效益建产是油气生产企业可持续发展的重要保障。"十二五"以来，面对新增储量品位变差、新井单井产量下降、投资回报率下滑、油价持续低迷的被动局面，中国石油、中国石化、中国海油三大国有石油公司以保障国家能源安全为己任，坚持产量规模与经营效益并重，持续推进技术创新、方案优化、投资控制，探索出一条低成本开发之路。

8.5.1 效益建产对油气田开发的挑战

油气产量是油气生产企业的生命线，而效益建产则是投资、产量、成本、效益最佳匹配的具体体现。2019 年，面对原油产量有效稳产与"资源基础弱、开发成本高、单井产量低、自然递减大"的现实矛盾，中国石油、中国石化、中国海油大力提升勘探开发力度，加快提高油气自给率，确保国内原油产量稳中有升和天然气快速上产。中国石油制定并实施了《油气田企业降低油气完全成本三年行动计划方案》，确立了保持整体盈利的工作目标，油气田开发工作面临的挑战更加严峻。

（1）保持原油有效稳产，正确理解上产目标与效益目标的一致性。

中国石油研究报告显示：2019年国内原油产量预计$1.89×10^8t$，与2018年产量持平。中国石油、中国石化、中国海油是我国石油工业的中流砥柱，三大石油公司在履行经济责任的同时，也承担着政治责任和社会责任。

目前，我国每年原油需求约为$6×10^8t$，自产不足$2×10^8t$，对外依存度高达70%。作为国有企业，既要最大限度地保障国家能源需求，又要确保国有资产保值增值，上产目标与效益目标需保持一致性。随着近两年油价逐步回升，从理论上讲，油气产量的价值越来越大，但实际上并非如此。油气价值的高低，是由储量品质、油价及开发成本等多重因素决定的。对于老油田，当完全成本高于油价时，要保持产量规模并达到效益目标，就要降低成本，这是由油气行业的战略地位所决定的。

如何理解上产目标与效益目标的一致性，首先要解放思想，破除"要产量就不能要效益，要效益就不能要产量"的僵化思维；其次要以效益为导向，在保持原油稳产的情况下，追求规模效益最大化。中国石油保持$1×10^8t$原油有效稳产，既是油气田企业生存和发展的效益基点，又是艰巨的国企责任，关系着百万员工的利益。

（2）面对单井产量下降，做到新井数量与投资效益相匹配。

"十二五"以来，中国石油国内油田平均新井开井数由12200口上升到14700口，而单井产量从3.7t下降到2.5t，百万吨产能建设投资上涨了21%。以此测算，2019年10口新井的产建投资就需要1亿元，再加上成本和税费支出，油气生产企业效益达标困难进一步增加。

如何做到新井数量与投资效益相匹配，作为中国石油所属油气田企业，一要严格开发方案管理。严格执行油气田《开发管理纲要》，超前开展先导试验和工程技术攻关，用效益倒逼撬动思维创新，从技术上确保达标建产。二要严格执行投资效益标准。用好用足类似于《中国石油降低成本三年行动计划和深化改革方案》的具体措施和政策，靠实各项效益评价参数，对内部收益率不达标项目，坚决不立项，杜绝负效井、负效区块进入实施。三要严格落实产建项目达标管理。突出合规性，严把项目决策、立项、建设、投产、考核等关键环节，所有产能建设项目在中国石油层面效益排队,用效益指标约束技术指标,严肃考核项目运行效率和创效指标,确保产量和利润指标符合率连续3年大于90%。四要做好年度新建产能井的单井效益评价。掌控新井投入产出效果,强化现金流管理,守住自由现金流为正的底线,确保新井投资对企业产量效益的正向拉动。

(3)完成降本增效指标,理性看待方式转换与增量效益的相关性。

开发方式转换是老油田提高采收率的必然选择,但是方式转换在推高产量的同时,也增加了成本需求。中国石油国内油气田2005年起陆续实施的SAGD、蒸汽驱、化学驱、微生物驱、火驱等提高采收率项目,均是在产量达到峰值后,操作成本才出现大幅度下降。

如何揭示方式转换与增量效益的相关性,要跳出评价项目,放眼长远算大账,通过全生命周期经济评价,不仅从项目自身层面评价效益,还要站在集团公司层面,从业务链、产业链和社会链3个角度评价项目的整体效益和规模效益,客观展示方式转换项目的增量效益。

8.5.2 效益建产的模式

对于油气生产企业而言,效益建产就是既精打细算、以效定投,又统筹优化、整体提效,实现投入效益最大化。

效益建产原则:择优建产,即不经济不减产。

效益建产模式:依托现行开发管理体系,融入投入产出指标,把开发单元的技术经济指标转化为产能建设的控制目标,其中新区实现达标建产,老区实现效益生产[37](图8-13)。

图8-13 效益建产模式图

8.5.2.1 新区达标建产的模式

以经济效益为导向,逐井对标开展经济评价,保证"建产即有效,无效不建产",突出"源头优化、市场化招标"两大降本增效举措,严控百万吨产能建设投资,实现达标建产(图8-14)。

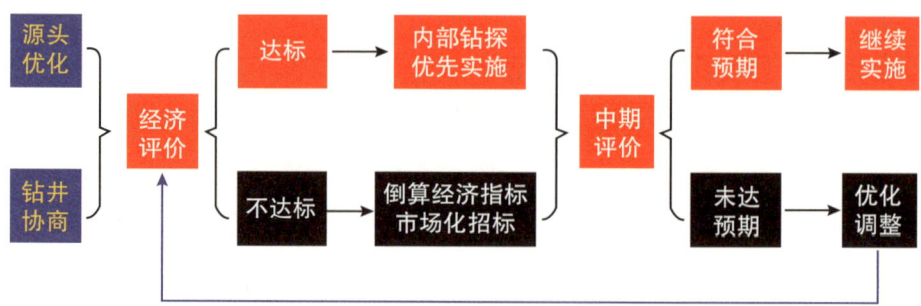

图 8-14 新区达标建产模式图

8.5.2.2 老区效益生产的模式

从经济学角度讲，受地质、油藏、采油方式、井身结构、钻采设备、集输销售等多因素影响，每吨油的成本不同。单井作为产量和成本的载体，是考量原油单耗的核心，也是效益生产的基础单元。老区效益生产模式，是要按照产量成本优化配置方法对油井生产运行的投入产出进行评价，用不同级别成本控制目标，判别油井的效益状况，实现生产组织的经济运行（表 8-2）。

表 8-2 中国石油油井效益分类标准

成本分类			成本项目		税后收益	油井生产
			按作业过程划分成本项			
油气运营成本	油气生产成本	油气操作成本	最低运行费	直接材料费	稠油热采费	无效益（税后收入＜最低运行费）	参数优化措施关井
				直接燃料费	油气处理费		
				直接动力费	维护性井下作业费		
				直接人员费用	天然气净化费		
				驱油物注入费	拉油费		
			轻烃回收费	维护及修理费	边际效益（操作成本＞税后收入＞最低运行费）	参数优化维持生产
			测井测试费	其他直接费用		
			进攻性井下作业费	其他运输费		
			厂级管理费			
		折旧折耗			效益三类（生产成本＞税后收入＞操作成本）	正常生产
	期间费用				效益二类（营运成本＞税后收入＞生产成本）	正常生产
	地质勘探费					
					效益一类（税后收入＞营运成本）	正常生产

8.5.2.3 效益建产的评价指标

效益建产模式实现了从管产量向管资产、从生产型向经营型的转变。这种模式既强调效益产量，又强化了油藏工程、钻井工程、采油工程、地面工程、生产管理、财务资产、计划经营、安全环保的多专业协作，将效益贯穿于项目的全生命周期，更突出了技术、规模与经济的最佳匹配，实现油藏的"产量升、成本降、效益好"，具体体现在三大类19项指标上（表8-3）。

表8-3 效益建产评价指标体系

大类名称	指标名称
开发指标	自然递减率，综合递减率，含水上升率，油汽比，可采储量采油速度，可采储量采出程度，平均单井日产，产能贡献率，产能到位率，措施有效率
成本指标	基本运行费，操作成本，完全成本，钻井成本
效益指标	内部收益率，财务净现值，投资收益率，自由现金流，利润

8.5.2.4 实现效益建产的关键环节

从管理学角度讲，效益建产就是通过强化现金流管理，树立"借贷投资"理念，对内部收益率不达标项目坚决不立项，严肃考核项目运行效率和产能项目创效指标，形成投资对效益的正向拉动。实现效益建产要把握好两个关键环节。

（1）做好前期论证。方案设计优化是最大的效益源，产能建设方案编制要树立全生命周期管理理念，超前预判。要针对开采技术和各阶段的主要矛盾，做好不确定性因素分析，将效益风险管控作为开发方案的重要节点，制定当期上产和长期稳产的对策。

（2）强化投资管控。加强产建项目的优化与评价，严把效益立项关。要通过"地质工程一体化评价、已建系统剩余能力再利用、老井再利用、修旧利旧、钻井和压裂总包、工厂化施工等措施，降低百万吨产能建设投资，提高产能到位率和产能贡献率。对于致密油、页岩油和超低渗透油藏，要运用平台化设计新理念，通过水平井+体积压裂开发方式的规模应用，提高单井产量，降低投资成本。

8.5.3 效益建产的保障条件

8.5.3.1 思想保障

效益建产既是管理方式的转变，更是思想观念的更新，低成本开发作为企业可持续发展的指导方针，必须体现在效益建产的目标上。增强效益意识，增储上产要注重质量和效益，牢固树立3种理念。一是"一切成本皆可降"理念，要改变人工成本、折旧折耗、期间费用等成本是固定的、不可降的旧观念，全方位控投降本提效。二是"成本是设计出来的"理念，把好新建产能投入关，通过方案优化、设计优化，实现控投提效。三是"底线思维"理念，按照预算指标，倒算投资成本，倒排极限产量，让有限的资金产生最大的效益。

8.5.3.2 资源保障

高质量的经济可采储量是效益建产的前提条件。在储量研究中，要以增加经济可采储量为核心，站在"效益增储、保证油气田可持续发展"的角度评价勘探项目，用发现成本和规模经济可采储量评价勘探效益，严格把关低效储量规模，助力新增储量可动用，用动用储量考量勘探投入的创效能力。

8.5.3.3 技术保障

技术创新是效益建产的必要条件。当前，老油田面对的建产区块多为复杂油气藏或低、深、难、稠、小等难采储量，这类储量由于技术和经济原因，长期未探明或探明后一直闲置。"十二五"以来，中国石油持续开展科技攻关和现场试验，形成了系列配套技术，为新老区规模效益建产提供了有力的技术保障（图8-15）。

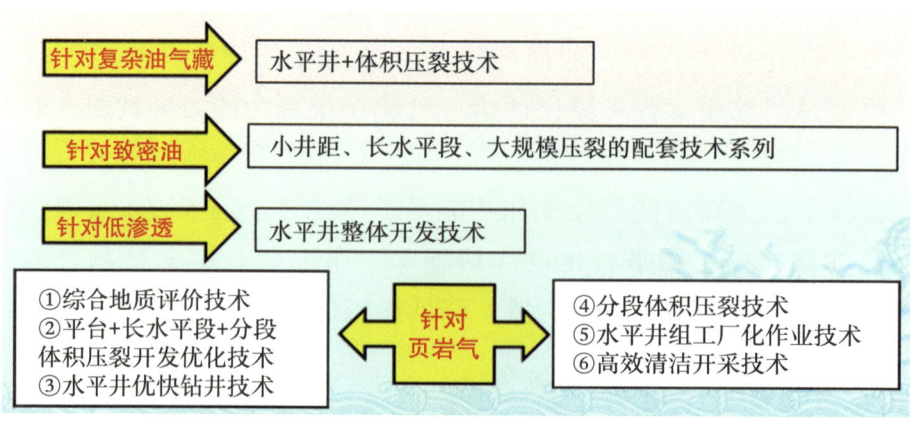

图 8-15 复杂油气藏配套技术示意图

8.5.3.4 政策机制保障

我国东部老油气田经过几十年的精细勘探和高速开发，目前普遍面临着"勘探新发现难、低品位储量动用难、老油田稳产难、效益开发难"的困难局面，新增储量接替不足，稳产上产潜力不足，与国家对油气需求增长的要求甚远。特别是致密油、页岩气等非常规油气储量，以及已经花费巨额勘探资金并经自然资源部评审批复的探明未动用储量区块，需要激励机制和扶持政策方可实现效益建产。

例如，为了推进效益建产，中国石油天然气股份有限公司先后在辽河、吉林、新疆、华北、大港、吐哈6个油田实施了扩大生产经营自主权改革，简政放权给政策，促进了企业的质量效益发展。特别是出台的《降低油气完全成本三年行动计划》《全面深化改革实施方案》《国内勘探与生产加快发展规划方案》等，也给效益建产提供了政策和机制上的支持。

8.5.4 效益建产的案例剖析

以下结合3个油田案例，剖析效益建产在前期论证、投资管控、跟踪评价等方面的具体做法。

8.5.4.1 前期论证保证效益建产

A油田杜8区块是一个典型的"低压、低产、低效"难采稠油区块。2018年编制了7口井的产能建设方案，设计6个周期产油 2.84×10^4 t，平均油汽比为0.4，估算单井投资1147.26万元。首轮经济评价内部收益率只有1.24%，属于无效方案。开发部门用经济评价指标指导方案优化，以经济极限指标为底线，通过优化钻井轨迹节约钻井及套管费111.5万元，优化录测井项目减少投资41.4万元，井场及公路利旧节约10.9万元，砾石充填招标减少投资10万元，优化地面流程和抽油机利旧等节约费用30万元。二次经济评价实现平均投资降幅18.2%、成本压缩13.6%，内部收益率超过行业基准值，杜8区块实现了效益达标建产。

8.5.4.2 投资管控保证效益建产

B油田在2018年新区产能建设中，面对新井数量多、投资受限的困难形势，在860口新井上实施"部署优化、设计优化、实施优化"3项投资管控措施，节约投资数亿元，并利用节约的投资多打新井23口，多建产能$2.8×10^4$t，保障了$110×10^4$t产能建设的效益建产。其中，部署优化否决低效井67口，设计优化少钻导眼8个，优化钻井进尺4232m，削减超标准录测项目1166井次，共计节省投资4700万元。实施优化节约投资4800万元，其中，规划丛式井536口，少垫平台254个，少征地$0.17km^2$；地面设施利旧350台套；生产运行优化单井时率提高16天。

8.5.4.3 跟踪评价保证效益建产

C油田双古潜山区块是2013年产能建设区块，投产后前两年，新井产量分别为$98.2×10^4$t和$66.23×10^4$t，达到方案设计。随后，开发部门针对生产形势实施了"2015—2017年注氮气，2018年转注天然气"方案调整。5年的跟踪评价显示，油藏实现了"产量升、成本降、效益好"的效益建产目标（图8-16至图8-18）。

总之，效益建产是投资、产量、成本、效益最佳匹配的具体体现，是油气生产企业可持续发展的重要保障。效益建产模式依托现行开发管

图8-16 产量运行图

理体系，融入投入产出指标，把开发单元的技术经济指标转化为产能建设的控制目标，要求新区实现达标建产，老区实现效益生产。做好前期论证、强化投资管控是实现效益建产的关键环节。效益建产需要从资源、技术、政策机制等方面给予保障。

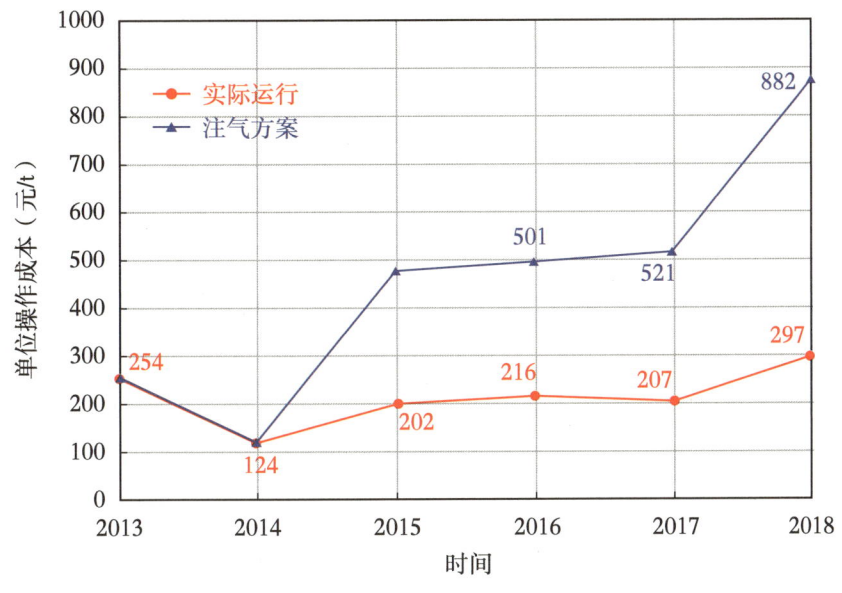

图 8-17　成本运行图

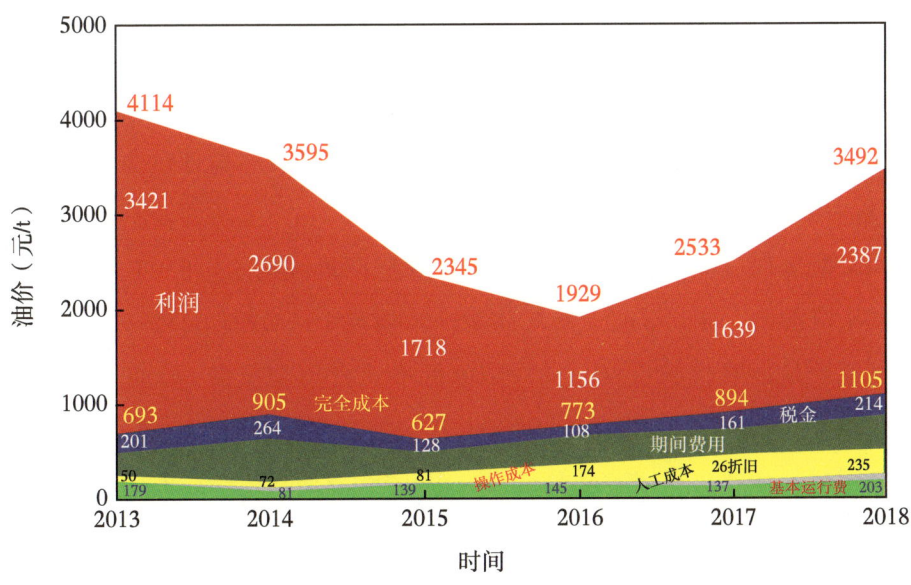

图 8-18　效益运行图

参 考 文 献

[1] 国家发展和改革委员会，建设部.建设项目经济评价方法与参数[M].北京：中国计划出版社，2006.

[2] 李芬.项目管理理论与实训[M].北京：电子工业出版社，2017.

[3] 叶勇忠.中国石油石化行业发展环境分析.国际石油网，2014-11-19.

[4] 刘燕.技术经济学[M].北京：电子科技大学出版社，2013.

[5] 李端生.基础会计学[M].北京：中国财政经济出版社，2014.

[6] 赵艳华.工程经济学[M].北京：清华大学出版社，2014.

[7] 张居强.浅析中国石油企业油气操作成本控制[J].经济研究导刊，2012，164（18）：97-98.

[8] 杜晓荣，张颖，陆庆春.成本控制与管理[M].北京：清华大学出版社，2018.

[9] 赵立英，赵金玲，等.概率论与数理统计[M].北京：机械工业出版社，2017.

[10] 游达明.技术经济与项目经济评价[M].北京：清华大学出版社，2009.

[11] 刘斌，王国春，李素敏，等.勘探项目经济评价方法与参数指标体系探讨[J].特种油气藏，2009，19（2）：40-42.

[12] 中国石油天然气集团公司.风险评估规范[S].Q/SY 1356—2010

[13] 中国石油天然气集团公司.石油天然气经济可采储量评价方法[S].Q/SY 180—2007.

[14] 国家能源局.陆上油气探明经济可采储量评价细则[S].SY/T 5838—2011.

[15] 国土资源部.海上石油天然气储量计算规范[S].DZ/T 0252—2013.

[16] 国家质量监督检验检疫总局，国家标准化管理委员会.石油天然气资源/储量分类[S].GB/T 19492—2004.

[17] 全国税务师职业资格考试教材编写组.税法[M].中国税务出版社.2019.

[18] 刘斌.油气储量价值评估方法探讨[J].石油科技论坛，2019，38（6）：29-33.

[19] 贾士超.油气田开发项目经济评价方法和参数[M].北京：中国石化出版

社，2014.

[20] 罗天宝，程风华，孟少辉.盐穴地下储气库建设项目经济评价应注意的几个问题［J］.国际石油经济，2015，23（12）：33-37.

[21] 许坤，李丰，姚超，等.我国页岩气开发示范区进展与启示［J］.石油科技论坛，2016，35（1）：44-49.

[22] 刘斌，易维容.页岩气项目经济评价及参数选取［M］.北京：石油工业出版社，2016.

[23] 刘斌，郭福军，谢艳艳.油气田单井效益评价分类标准研究［J］.国际石油经济，2016，24（7）：99-102.

[24] 中国石油天然气股份有限公司辽河油田分公司.油井增产措施经济评价方法.Q/SY 0187—2017.

[25] 郑小平，胡山鹰，等.多层面生命周期评价方法［J］.计算机与应用化学，2004（1）：17-19.

[26] 刘斌.项目全生命周期经济评价方法的改进［J］.国际石油经济，2016，24（12）：50-56.

[27] 李裕伟.矿业权与矿政管理［M］.北京：中国大地出版，2018.

[28] 袁光杰，夏焱，金根泰，班凡生.国内外地下储库现状及工程技术发展趋势［J］.石油钻探技术，2017，45（4）：8-14.

[29] 魏欢，田静，李建中，王影.中国天然气地下储气库现状及发展趋势［J］.国际石油经济，2015，23（6）：57-62.

[30] 王秀锦，王贺余.对储气库项目经济评价的探析［J］.河北工业科技，2011，28（3）：75-77.

[31] 刘斌.储气库建设项目经济评价方法与实例［J］.天然气技术与经济，2020，14（5）：27-32.

[32] 罗天宝，程风华，孟少辉.盐穴地下储气库建设项目经济评价应注意的几个问题［J］.国际石油经济，2015，23（12）：92-95.

[33] 刘斌.油气田企业经济评价管理体系探讨［J］.国际石油经济，2018，26（9）：96-100.

[34] 刘斌.油藏经营管理模式探讨［J］.国际石油经济，2018，26（7）：31-37.

[35] 刘斌.油气生产企业效益风险管控体系探究[J].天然气技术与经济,2018,12(6):45-50.

[36] 刘斌,郭福军,谢艳艳.基于单井效益评价的油田效益配产方法研究[J].国际石油经济,2018,19(7):101-104.

[37] 刘斌.油田效益建产模式探讨[J].石油科技论坛,2019,38(3):39-44.